DEVOCIÓN DIARIA DE

VIDA
PRÓSPERA
EDICIÓN EN ESPAÑOL

DEVOCIÓN DIARIA DE

VIDA
PRÓSPERA

EDICIÓN EN ESPAÑOL

Fuerza espiritual diaria y alimento para almas hambrientas

PAULA KING-HARPER

XULON PRESS

Xulon Press
2301 Lucien Way #415
Maitland, FL 32751
407.339.4217
www.xulonpress.com

XULON PRESS

Salvo indicación en contrario, las citas bíblicas tomadas de Santa Biblia, NUEVA VERSIÓN INTERNACIONAL® NVI® © 1999, 2015 por Biblica, Inc.® Usado con permiso de Biblica, Inc.® Reservados todos los derechos en todo el mundo.

Impreso en los Estados Unidos de América.

ISBN-13: 978-1-6312-9231-6

Porque yo sé muy bien los planes que tengo para ustedes —afirma el Señor—, planes de bienestar y no de calamidad, a fin de darles un futuro y una esperanza.

Jeremías 29:11

DEDICACIÓN

A Dios mi Creador, pero aún sin ti,

No soy nada. Gracias por ser el Dios de otra oportunidad.

Para el amor de mi vida, JeRome, gracias por su
inquebrantable apoyo, pero sobre todo por sus
oraciones y discernimiento.

Tabla de Contenido

AGRADECIMIENTOS

Estoy eternamente agradecido con mi madre y mi padre espiritual, la profetisa Felicia Napier Huff y el élder Tyrann Huff. Para todos los que me han edificado y preparado proféticamente: Pastor Yolanda Crowley, Pastor Dorie Pérez, Profeta Murphy Henry, Apóstol Latonia Moore, Pastor Shirley Thomas, Pastor David Adkins, Profeta Kelli Fischbach y Apóstol Cheryl Smith, gracias.

A mis hijos y nietos, también conocidos como "GK", que continúan impulsándome inexpresivamente ~ GRACIAS. Los quiero mucho a cada uno de ustedes. ¡La lengua nunca puede decir cuánto!

Todos los días continuará viendo "Permanecer bendecido". Permanecer equivale a la continuidad en una condición específica; requieren más trabajo; soportar. Para recibir la unción y la bendición del Señor, uno debe estar en la postura para hacerlo.

Declaro y decreto que cada uno de nosotros mantendrá una posición correcta con Dios, tanto como se encuentra dentro de nosotros para recibir el desbordamiento continuo del Padre.

Declaro bendiciones de crecimiento espiritual, gracia y una vida próspera para cada lector. Una vida que Dios ordenó solo para ti antes de los cimientos del mundo. En el bendito nombre de Jesucristo, nuestro Salvador resucitado. Amén.

~ Y es así ~

Introducción

El devocional original nació de la obediencia y el sacrificio a Dios. Originado en 2006 mientras estaba en medio de una gran transición espiritual, me había rendido al llamado de Dios en mi vida para predicar el evangelio.

Expulsado desde los cimientos de mi fe hacia el desierto espiritual, el Señor me condujo fielmente a través del desierto y los lugares secos hasta un río de amor y servicio a Él. Aprendí a caminar no solo por fe sino a vivir una vida de santidad y justicia, convirtiéndome en un siervo guiado por el Espíritu. Me convertí en un Siervo entregado sin denominación ni barreras espirituales. Aprendí que es el deseo de Dios encontrarnos con cada uno de nosotros exactamente donde estamos y promover el crecimiento espiritual; a la plenitud de su palabra.

El crecimiento espiritual se desarrolla al pasar tiempo consistentemente con Dios y leer Su palabra. Este diario devocional y diario despierta esos momentos necesarios en la presencia de Dios e instantáneamente ofrece espacio para escribir reflexiones cada día.

Sugiero comenzar su día con 15 minutos en la presencia de Dios y llevar la palabra del día en su viaje. Asegúrese de capturar cualquier reflexión que pueda tener sobre la devoción de ese día.

La fuerza y la resistencia se convierten en el estándar a medida que se compromete a construir diariamente su relación espiritual simplemente sacando unos momentos cada día.

Esta traducción al español nació de un momento con la Sra. Pena, una bella dama que se detuvo junto a la mesa con la que no podía comunicarme, pero que estaba interesada en la Palabra de Dios. Que mis hermanos y hermanas españoles sean bendecidos por nuestros esfuerzos.

Muchas gracias a mi querida amiga, la Sra. Rose, por su ayuda con la traducción.

Enero

¿ESTÁS LISTO PARA algo nuevo? Asegúrese de haber soltado todas las viejas «cosas». El viejo usted. Las cosas que pueden haberte retenido o han impedido que te conviertas en todos los deseos de Dios. No lleve nada al futuro que no sea el plan de Dios para su vida y prepárese para crecer.

¡Es hora de algo nuevo!

~ ¡PREPÁRATE! ~

ESTA ES UNA temporada de cumplimiento y las sanciones de Dios están en camino. No solo para ti sino también para quienes te rodean. A pesar de quiénes somos y cómo podemos comportarnos, sepa que Dios derramará una lluvia de bendiciones.

Para recibir todo lo que Dios tiene reservado para nosotros, debemos estar preparados. Cada día debemos alentarnos y animarnos unos a otros a vivir una vida de santidad y justicia. Tenemos autoridad y poder para responsabilizarnos mutuamente. Nadie es perfecto, sin embargo, el objetivo diario es luchar por la perfección en Cristo Jesús.

Porque sé los planes que tengo para ti, declara el SEÑOR, planes para prosperar y no hacerte daño, planes para darte esperanza y un futuro. Jeremías 29:11

Siendo bendecido

~ ¡SAL CON LAS MANOS EN ALTO! ~

SI DIEZMAS, PERMANECE fiel. Si se ha quedado en el diezmo o nunca consideró el diezmo, ahora es el momento de preparar su corazón, mente y sí su presupuesto para devolverle a Dios lo que ya le pertenece. Hay seguridad en el diezmo.

¿Un simple mortal robará a Dios? Sin embargo, me robas. Pero preguntas: «¿Cómo te estamos robando?»

En diezmos y ofrendas. Estás bajo una maldición, toda tu nación, porque me estás robando. Traiga todo el diezmo al alfolí para que haya comida en mi casa. Ponme a prueba en esto, dice el Señor Todopoderoso, "y ve si no abro las compuertas del cielo y derramo tanta bendición que no habrá espacio suficiente para almacenarlo. Evitaré que las plagas devoren tus cultivos, y las vides en tus campos no dejarán caer sus frutos antes de que maduren ", dice el Señor Todopoderoso. Malaquías 3: 8-11

_____

_____

_____

_____

_____

Siendo bendecido

~ PENSAR VS. CONOCER ~

MI ABUELA ME dijo más de una vez: "A la gente no se le paga por pensar. Se les paga por saber". Más tarde aprendí que hay una gran diferencia entre los dos.

El comienzo de la sabiduría es este: Obtenga sabiduría. Aunque cuesta todo lo que tienes, entiende.

Proverbios 4: 7

_____

_____

_____

_____

_____

_____

_____

_____

_____

_____

_____

_____

Siendo bendecido

~ COMUNICACIÓN EFECTIVA ~

DIOS MÁS QUE nadie desea que hables con Él. Hay una invitación personal y siempre una puerta abierta. Solo habla con él.

No se preocupe por nada, pero en cada situación, por oración y petición, con acción de gracias, presente sus peticiones a Dios. Y la paz de Dios, que trasciende toda comprensión, protegerá sus corazones y mentes en Cristo Jesús.

Filipenses 4: 6-7

_____

_____

_____

_____

_____

_____

_____

_____

_____

Siendo bendecido

~ ¿QUÉ TIENES EN MENTE? ~

PORQUE MIS PENSAMIENTOS *no son tus pensamientos, ni tus caminos son mis caminos", declara el Señor. "Como los cielos son más altos que la tierra, así son mis caminos más altos que tus caminos y mis pensamientos que tus pensamientos. Así es mi palabra que sale de mi boca: no me volverá vacía, sino que logrará lo que deseo y alcanzará el propósito para el cual lo envié. Saldrás de alegría y serás conducido en paz; las montañas y las colinas estallarán en canto delante de ti, y todos los árboles del campo aplaudirán. Isaías 55: 8-9; 11-12*

Concéntrate en los pensamientos de Dios hacia ti.

_____

_____

_____

_____

_____

_____

_____

_____

_____

Siendo bendecido

~ ERES ESPECIAL ~

¿TE HAS PREGUNTADO por qué pareces tan diferente de los demás? Date cuenta de que eres único. Muchas veces te has sentido solo, incomprendido o tal vez te has considerado «raro».

Hay una razón Eres elegido para grandes y maravillosas obras. Si fueras como los demás o si encajas bien en cada ocasión, ya no serías especial.

Sepa que el Señor ha apartado a los piadosos para sí mismo; el Señor escuchará cuando lo llame.

Salmo 4: 3

_____

_____

_____

_____

_____

_____

_____

_____

Siendo bendecido

~ CONFÍA EN MÍ ~

ABRE LAS PUERTAS para que entre la nación justa, la nación que mantiene la fe. Mantendrás en perfecta paz a aquel cuya mente es firme, porque él confía en ti. Confía en el Señor para siempre, porque el Señor, el Señor, es la Roca eterna. Isaías 26: 2-4

Descansa en saber que Dios es plenamente consciente de exactamente por lo que estás pasando.

Encuentra la calma y la seguridad al saber que el que te abraza también tiene el mundo en sus manos. Él es lo suficientemente fuerte como para llevarte

_____

_____

_____

_____

_____

_____

_____

_____

Siendo bendecido

~ ¡EL PODER DE LA ALABANZA! ~

GRITA DE ALEGRÍA *al Señor, toda la tierra. Adora al Señor con alegría; ven ante él con canciones alegres. Sepan que el Señor es Dios. Es él quien nos hizo, y nosotros somos suyos; somos su pueblo, las ovejas de su pasto.*

Entre en sus puertas con acción de gracias y en sus atrios con alabanzas; dale gracias y alaba su nombre. Porque el Señor es bueno y su amor permanece para siempre; Su fidelidad continúa por todas las generaciones.

Salmo 100

_____

_____

_____

_____

_____

_____

_____

_____

_____

Siendo bendecido

~ NO ESTÁS SOLO ~

CUANDO LAS CIRCUNSTANCIAS de la vida parecen ser abrumadoras y fuera de control, Dios todavía está con nosotros.

Y le pediré al Padre, y él te dará otro Consejero para estar contigo para siempre: el Espíritu de verdad. El mundo no puede aceptarlo porque no lo ve ni lo conoce. Pero lo conoces, porque él vive contigo y estará en ti.

Juan 14: 16-17

Siendo bendecido

~ ¡NO TE MUEVAS! ~

LAS SITUACIONES EN la vida pueden hacernos querer adelantarnos a Dios. Puede ser difícil esperar en medio de luchas, pruebas y los rituales diarios de la vida.

Sin embargo, Dios es soberano y debe seguir siéndolo en nuestras vidas. Mantente enfocado y mantén tu mente en Él. Él te mostrará el próximo movimiento. No te muevas hasta que sea hora.

Quédate quieto y sabe que yo soy Dios; Seré exaltado entre las naciones, seré exaltado en la tierra. Salmo 46:10

_____

Siendo bendecido

~ ¡ES REAL! ~

ALGUNOS DICEN QUE Satanás es solo una imagen. Un producto de nuestra imaginación vestida de rojo con cuernos y una horca. El chico malo. Él es real. Él es tan real como tú y yo.

Otro día, los ángeles vinieron a presentarse ante el Señor, y Satanás también vino con ellos para presentarse ante él. Y el Señor le dijo a Satanás: "¿De dónde vienes?" Satanás respondió al Señor: "De vagar por la tierra y de ir y venir en ella". Job 2: 1-2

Satanás está tan ocupado ahora como lo estaba entonces. Cuídate de los enemigos de Dios

---

Siendo bendecido

~ ¿PUEDES VERME AHORA? ~

DE LA MISMA manera, deja que tu luz brille ante los hombres, para que puedan ver tus buenas obras y alaben a tu Padre en el cielo.

Mateo 5:16

Que hoy sea un gran día lleno de la gloria de Dios. Recibirás cada regalo que el Señor ha preparado para ti.

_____

_____

_____

_____

_____

_____

_____

_____

_____

_____

_____

_____

Siendo bendecido

~ EL PROPÓSITO DE TODO ~

SIEMPRE HA SIDO el diseño de Dios que estudiemos su palabra y comprendamos el poder dentro de ella.

Mientras todavía hablaban de esto, Jesús mismo se paró entre ellos y les dijo: "La paz sea con ustedes". Se sorprendieron y se asustaron al pensar que vieron un fantasma. Él les dijo: "¿Por qué están preocupados y por qué surgen dudas en sus mentes? Mira mis manos y mis pies. ¡Soy yo mismo! Tócame y mira; un fantasma no tiene carne ni huesos, como veis que yo tengo.

Cuando hubo dicho esto, les mostró las manos y los pies. Y aunque todavía no lo creían debido a la alegría y el asombro, les preguntó: "¿Tienes algo para comer aquí?" Le dieron un trozo de pescado asado, y él lo tomó y se lo comió en su presencia.

Él les dijo: «Esto es lo que les dije mientras aún estaba con ustedes: todo debe cumplirse lo que está escrito sobre mí en la Ley de Moisés, los Profetas y los Salmos».

Lucas 24: 36-44

_____

_____

_____

_____

_____

Siendo bendecido

~ ¡LA BATALLA NO ES TUYA! ~

Mantenga sus manos, boca y pies en la voluntad de Dios. No actúes fuera de su carácter mientras pasas por pruebas. Conozca esto hoy: cuando Dios lo reivindique, habrá completa libertad y no hay duda de que la situación estará terminada e inmutable.

El Señor es un Dios celoso y vengador; el Señor se venga y se llena de ira. El Señor se venga de sus enemigos y mantiene su ira contra sus enemigos. El Señor es lento para la ira y grande en poder.

Nahúm 1: 2-3

_____

_____

_____

_____

_____

_____

_____

_____

_____

Siendo bendecido

~ UNA ACTITUD DE GRATITUD ~

Es bueno alabar al Señor y hacer música a tu nombre, oh Altísimo, para proclamar tu amor por la mañana y tu fidelidad por la noche, con la música de la lira de diez cuerdas y la melodía del arpa.

Porque tú me alegras por tus obras, oh señor; Canto de alegría por las obras de tus manos.

Salmo 92: 1-4

Guarda una canción de agradecimiento en tu corazón

_____

_____

_____

_____

_____

_____

_____

_____

_____

_____

Siendo bendecido

~ SÉ REAL ~

DEJA QUE EL amor y la fidelidad nunca te abandonen; átalas alrededor de tu cuello, escríbelas en la tableta de tu corazón. Entonces ganarás favor y un buen nombre a la vista de Dios y el hombre. Por encima de todo, guarda tu corazón, porque es la fuente de la vida.

Proverbios 3: 3-4 y Proverbios 4:23

Los cristianos a menudo se mienten unos a otros, a veces por omisión. Seamos honestos el uno con el otro. El camino a la verdad va en ambas direcciones. Ofrece la verdad en amor y recíbela también.

_____

_____

_____

_____

_____

_____

_____

_____

_____

_____

Siendo bendecido

~ MANTENTE HUMILDE ~

¿ALGUNA VEZ HAS estado «atrapado» en ti mismo? Permanecer en tierra puede ser un desafío. Cuando reciba felicitaciones de otros, recuerde que aquellos que le están dando palmadas en la espalda con una mano pueden tener un cuchillo en la otra.

Porque por la gracia que me dieron, les digo a cada uno de ustedes: No se piensen más a sí mismos de lo que deberían, sino que piensen en sí mismos con un juicio sobrio, de acuerdo con la medida de fe que Dios les ha dado.

Romanos 12: 3

_____

_____

_____

_____

_____

_____

_____

_____

_____

_____

Siendo bendecido

~ PALABRAS PARA HABLAR ~
PALABRAS PARA SER ESCUCHADAS ~

¡MIRAD! ES UN nuevo dia. Alabado sea Dios por las bendiciones de gracia de otro día.

Si una serpiente muerde antes de ser hechizada, no hay beneficio para el encantador. Las palabras de la boca de un sabio son graciosas, pero un tonto es consumido por sus propios labios.

Al principio sus palabras son locura; al final son una locura perversa, y el tonto multiplica las palabras.

Eclesiastés 10: 11-14

Siendo bendecido

~ ¿DE QUÉ ESTÁS HECHO? ~

CONSTITUCIÓN: COMPOSICIÓN NATURAL; cualidades estructura

En algún momento de hoy, tómate un descanso de siete minutos. Mírate profundamente en un espejo. Lo primero que notará podría ser su nariz, ojos o manchas. Para algunos, siete minutos pueden parecer imposibles. Comience a mirar profundamente dentro de sus ojos y permita que lo que ve en el espejo mire dentro de su corazón y mente. Busca las cosas no tan buenas y escondidas (lo mejor de ti siempre será fácil de ver). Haga una lista si desea las cosas que ve que le gustaría que Dios cambiara para ser más como Cristo. Es hora de soluciones ... no de resoluciones.

Ahora, esto es lo que el Señor Todopoderoso dice: "Piensa cuidadosamente en tus caminos". Hageo 1: 5

Ofrezca una oración de arrepentimiento y acción de gracias. Porque el Señor está en el trono y listo para llevar a Sus hijos a nuevos niveles en Él.

_____

_____

_____

_____

Siendo bendecido

~ ABRE LA PUERTA ~

¿HAY ALGO QUE le ha estado pidiendo a Dios y cree que es posible pero no lo ha visto suceder? ¿aún sientes que su presencia está cerca? Confía en Dios. Él es fiel y es justo.

Cuando se dio cuenta de esto, fue a la casa de María, la madre de Juan, también llamada Mark, donde muchas personas se habían reunido y estaban orando. Peter llamó a la entrada exterior y una criada llamada Rhoda vino a abrir la puerta. Cuando reconoció la voz de Peter, se alegró tanto que corrió hacia atrás sin abrirla y exclamó: "¡Peter está en la puerta!"

Estás loco ", le dijeron. Cuando ella seguía insistiendo en que era así, le dijeron: "Debe ser su ángel". Pero Peter siguió tocando, y cuando abrieron la puerta y lo vieron, quedaron asombrados.
Hechos 12: 12-16

Siendo bendecido

~ CUÍDATE ~

REZO PARA QUE este día esté lleno de paz y relajación para ti. Ya sea que su "día libre" sea el fin de semana o durante la semana, asegúrese de tener suficiente tiempo para descansar y permitir que otras personas a su alrededor tengan la misma oportunidad.

El sueño de un trabajador es dulce, ya sea que coma poco o mucho, pero la abundancia de un hombre rico le permite dormir. Eclesiastés 5:12

_____

_____

_____

_____

_____

_____

_____

_____

_____

Siendo bendecido

~ TU PALABRA ES TU VÍNCULO ~

GUARDA TUS PASOS *cuando vayas a la casa de Dios. Acércate para escuchar en lugar de ofrecer el sacrificio de los tontos, que no saben que hacen mal.*

No se apresure con su boca, no se apresure en su corazón a decir nada ante Dios.

Dios está en el cielo y tú estás en la tierra, así que deja que tus palabras sean pocas. Como un sueño llega cuando hay muchas preocupaciones, así es el discurso de un tonto cuando hay muchas palabras.

Cuando hagas un voto a Dios, no tardes en cumplirlo. No le gustan los tontos; cumple tu voto Es mejor no hacer un voto que hacer un voto y no cumplirlo.

Eclesiastés 5: 1-5

_____

_____

_____

_____

_____

_____

_____

Siendo bendecido

~ ¡PODER! ~

SE HA FORMULADO la pregunta "¿Por qué no vemos milagros hoy como en los días de las Escrituras?" La fe, por supuesto, es la variable fundamental para esta respuesta y la comprensión de nuestras capacidades espirituales es la base. Posees una gran fuerza espiritual si solo crees.

Te digo la verdad, cualquiera que tenga fe en mí hará lo que he estado haciendo. Hará cosas aún Mayoores que estas, porque yo voy al Padre. Y haré lo que me pidas en mi nombre, para que el Hijo pueda glorificar al Padre.

Puedes pedirme algo a mi nombre, y lo haré. Si me amas, obedecerás lo que yo ordeno.

Juan 14: 12-15

_____

_____

_____

_____

_____

_____

_____

Siendo bendecido

~ ¡TIENES AUTORIDAD! ~

ENTONCES DIOS DIJO: "Hagamos al hombre a nuestra imagen, a nuestra semejanza, y que gobiernen sobre los peces del mar y las aves del aire, sobre el ganado, sobre toda la tierra y sobre todas las criaturas que se mueven. a lo largo de la tierra ". Entonces Dios creó al hombre a su propia imagen, a imagen de Dios lo creó; hombre y mujer los creó.

Génesis 1: 26-27

Tenemos autoridad sobre toda la tierra. ¡Vamos! ¡Caminar! ¡Hablar! ¡Vive dentro de este gran empoderamiento!

_____

_____

_____

_____

_____

_____

_____

_____

_____

Siendo bendecido

~ ¡DISCULPA! ~

¿ALGUNA VEZ HAS necesitado decir «lo siento»? En el momento en que te disculpaste, pensaste que lo decías en serio. Más tarde, te encontraste repitiendo la misma ofensa a la misma persona.

Dios es paciente y lento para la ira, sin embargo, nuestro tiempo se está acortando para recibir la misma gracia para las mismas acciones impías.

Por lo tanto, como somos descendientes de Dios, no debemos pensar que el ser divino es como el oro, la plata o la piedra, una imagen hecha por el diseño y la habilidad del hombre. En el pasado, Dios pasó por alto tal ignorancia, pero ahora ordena a todas las personas en todas partes que se arrepientan.

Hechos 17: 28-30

_____

_____

_____

_____

_____

_____

Siendo bendecido

~ RESPONSABILIDAD ~

LA LUCHA DE la hermandad y la hermandad es real. Si realmente nos amamos, nos haremos responsables en el amor.

Hermanos, si alguien está atrapado en un pecado, ustedes que son espirituales deben restaurarlo suavemente. Pero ten cuidado, o también podrías ser tentado. Llevar las cargas de los demás, y de esta manera cumplirán la ley de Cristo.

Si alguien piensa que es algo cuando no es nada, se engaña a sí mismo. Cada uno debe probar sus propias acciones. Entonces puede enorgullecerse de sí mismo, sin compararse con alguien más, ya que cada uno debe llevar su propia carga. Gálatas 6: 1-5

_____

_____

_____

_____

_____

_____

_____

_____

Siendo bendecido

~ ORGULLO ~

ESCUCHA LA SABIDURÍA y mantente humilde.

El orgullo va antes de la destrucción, un espíritu altivo antes de una caída. Es mejor ser humilde de espíritu y estar entre los oprimidos que compartir el botín con los orgullosos.

Quien presta atención a las instrucciones prospera y bendice es el que confía en el Señor.

Proverbios 16: 18-20

_____

_____

_____

_____

_____

_____

_____

_____

_____

_____

Siendo bendecido

~ ¡ESPERA! ~

AHORA NO ES el momento de rendirse. Ser alentado. Otros rezan por ti. ¿Quién está rezando contigo? Si no tiene respuesta, cámbiela. La oración está a solo un susurro.

Doy gracias a Dios cada vez que te recuerdo. En todas mis oraciones por todos ustedes, siempre rezo con alegría debido a su asociación en el evangelio desde el primer día hasta ahora, confiando en esto, que el que comenzó un buen trabajo en usted lo llevará a cabo hasta el día de Cristo Jesús. Filipenses 1: 3-6

_____

_____

_____

_____

_____

_____

_____

_____

_____

_____

Siendo bendecido

~ ÉL ES DIGNO! ~

DIOS ES TAN asombroso. No hay nadie como nuestro amoroso y paciente Padre. ¿Quién es como nuestro Dios?

Que Dios sea misericordioso con nosotros y nos bendiga y haga que su rostro brille sobre nosotros, para que se conozcan tus caminos en la tierra, tu salvación entre todas las naciones.

Que los pueblos te alaben, oh Dios; que todos los pueblos te alaben. Que las naciones se alegren y canten de alegría, porque tú gobiernas a los pueblos con justicia y guías a las naciones de la tierra.

Salmo 67: 1-6

_____

_____

_____

_____

_____

_____

_____

_____

_____

Siendo bendecido

30 DE ENERO

~ Una mente es una cosa terrible que perder ~

No pierdas el tiempo con pensamientos improductivos. Mantenga su corazón y su mente vigilados para que no se salga del camino.

Finalmente, hermanos, lo que sea verdad, lo que sea noble, lo que sea correcto, lo que sea puro, lo que sea encantador, lo que sea admirable, si algo es excelente o digno de alabanza, piensen en tales cosas.

Filipenses 4: 8

Siendo bendecido

~ ¡TIENES NUEVAS IDEAS! ~

EL AÑO AÚN es joven. Las oportunidades de cambio son infinitas. Mantenga su mente aguda y su oído en sintonía con el Señor para que pueda escucharlo. Negarse a pasar este año igual que el año pasado. Grandes cosas están en camino para los hijos de Dios.

Nadie cose un parche de tela no arrugada en una prenda vieja, ya que el parche se separará de la prenda, lo que empeorará la rotura. Tampoco los hombres vierten vino nuevo en odres viejos. Si lo hacen, las pieles explotarán, el vino se acabará y los odres se arruinarán. No, vierten vino nuevo en odres nuevos, y ambos se conservan.

Mateo 9: 16-17

_____

_____

_____

_____

_____

_____

_____

_____

Siendo bendecido

Febrero

AMOR / PERDÓN

ESTE MES ESTÁ designado como un mes de perdón. Si no podemos amar, no podemos perdonar. Cuando tenemos problemas ocultos dentro de nuestro corazón que necesitan ser abordados o perdonados, no podemos experimentar el amor de manera verdadera y gratuita.

Prepárate para buscar la verdad en tu corazón este mes para que puedas avanzar con amor. El amor de Dios, que es puro sin agendas ocultas; sin equipaje extra y sin titubear.

Su amor es incondicional. El amor es necesario

~ AMOR ~

FINALMENTE, TODOS USTEDES, *vivan en armonía unos con otros; Sé comprensivo, ama como hermanos, sé compasivo y humilde. No pagues mal con mal ni insultes con insulto, sino con bendición, porque a esto fuiste llamado para que puedas heredar una bendición:*

Porque quien quiera amar la vida y ver los buenos días debe mantener su lengua del mal y sus labios del habla engañosa. Debe apartarse del mal y hacer el bien; debe buscar la paz y perseguirla.

Porque los ojos del Señor están sobre los justos y sus oídos atentos a su oración, pero el rostro del Señor está en contra de los que hacen el mal.

1 Pedro 3: 8-12

_____

_____

_____

_____

_____

_____

_____

Siendo bendecido

~ ¡NO PUEDES CORRER LLEVANDO TODO ESO! ~

LUEGO, DEJANDO SU jarra de agua, la mujer regresó al pueblo. Juan 4: 28a

Al igual que la mujer del pozo, llevamos ollas de agua. Cuando conoció a Jesús, y Él le ofreció agua viva y ella tomó una decisión. Ella no se dio la vuelta y regresó a buscar su olla de agua, la dejó con Jesús, para poder moverse rápidamente y contar Su grandeza y todo lo que él le reveló.

¿Qué te pesa hoy? Deja caer tu (s) olla (s) de agua para que puedas maniobrar durante el resto de esta carrera. La carrera de la vida en él.

¿Qué vasijas de agua necesitas dejar caer?

_____

_____

_____

_____

_____

_____

_____

Siendo bendecido

~ NUNCA DIJO QUE SERÍA FÁCIL ~

DECIR "ME DISCULPO" puede ser algo muy difícil. Muchas veces, recibir esas mismas palabras puede ser aún más desafiante.

Por lo tanto, te digo que, lo que sea que pidas en oración, cree que lo has recibido, y será tuyo. Y cuando estés orando, si tienes algo en contra de alguien, perdónalo, para que tu Padre celestial te perdone tus pecados.

Marcos 11: 24-26

Siendo bendecido

~ PERFECCIÓN ~

HAS OÍDO QUE se decía: "Ama a tu prójimo y odia a tu enemigo". Pero te digo: ama a nuestros enemigos y reza por los que te persiguen, para que puedas ser hijos de tu Padre en el cielo.

Él hace que su sol salga sobre los malos y los buenos, y envía lluvia sobre los justos y los injustos si amas a los que te aman, ¿qué recompensa obtendrás? ¿Ni siquiera los recaudadores de impuestos están haciendo eso? Y si saludan solo a sus hermanos, ¿qué están haciendo más que otros?

¿Ni siquiera los paganos hacen eso? Sé perfecto, por lo tanto, como tu Padre celestial es perfecto.

Mateo 5: 43-48

_____

_____

_____

_____

_____

_____

_____

Siendo bendecido

~ ¡GRANDEZA! ~

¡OH SEÑOR, NUESTRO Señor, cuán majestuoso es tu nombre en toda la tierra!

Has puesto tu gloria sobre los cielos. De los labios de los niños y los infantes has ordenado elogios a causa de tus enemigos, para silenciar al enemigo y al vengador.

Cuando considero tus cielos, el trabajo de tus dedos, la luna y las estrellas, que has puesto en su lugar, ¿qué es el hombre que tienes en cuenta de él, el hijo del hombre que cuidas de él? Lo hiciste un poco más bajo que los seres celestiales y lo coronaste con gloria y honor.

¡Oh Señor, nuestro Señor, cuán majestuoso es tu nombre en toda la tierra! *Salmo 8: 1-5, 9*

_____

_____

_____

_____

_____

_____

_____

Siendo bendecido

~ DÉJALO IR ~

NUEVAMENTE, ESTE MES nos estamos enfocando en el perdón y el amor. Por lo tanto:

Deshágase de toda la amargura, la ira y la ira, las peleas y las calumnias, junto con toda forma de malicia. Sean amables y compasivos los unos con los otros, perdonándose unos a otros, tal como en Cristo Dios los perdonó.

Efesios 4: 31-32

Siendo bendecido

~ ¡AGÍTALO! ~

LA VIDA ESTÁ garantizada de experiencias que pueden ser desagradables. Momentos en que podríamos sentirnos aprovechados, engañados, mentidos, incomprendidos, poco confiables, incluso descuidados. Somos testigos de una variedad de emociones que pueden ser el resultado de nuestras acciones, así como las acciones de los demás. No te revuelques en esos pensamientos y sentimientos. Habrá muchos más por venir en la vida del deber. Avanza en Dios y observa el poder de su poder.

Te he dicho estas cosas, para que en mí puedas tener paz. En este mundo tendrás problemas. Pero anímate! He vencido al mundo. Juan 16:33

_____

_____

_____

_____

_____

_____

_____

_____

Siendo bendecido

~ MANEJO DE SITUACIONES DIFÍCILES ~

INDEPENDIENTEMENTE DEL GIGANTE al que te enfrentes, busca a alguien con experiencia para que te asesore. Ve a la palabra.

Si tu hermano peca contra ti, ve y muéstrale su culpa, solo entre ustedes dos. Si él te escucha, te has ganado a tu hermano.

Pero si no quiere escuchar, lleve a uno o dos más, para que cada asunto pueda ser establecido por el testimonio de dos o tres testigos.

Si se niega a escucharlos, díselo a la iglesia; y si se niega a escuchar incluso a la iglesia, trátelo como si fuera un pagano o recaudador de impuestos.

Mateo 18: 15-17

_____

_____

_____

_____

_____

_____

Siendo bendecido

~ ¡SOLO DIOS PUEDE HACERLO! ~

ME DOY CUENTA de que he estado guardando rencor. Han pasado años desde el incidente. He estado avanzando, pareciendo haber perdonado a alguien de un error cuando en el fondo hay restos de dolor y vacío. ¿Realmente perdono?

Te rociaré agua limpia, y tú estarás limpio; Te limpiaré de todas tus impurezas y de todos tus ídolos. Te daré un nuevo corazón y pondré un nuevo espíritu en ti; Quitaré de ti tu corazón de piedra y te daré un corazón de carne. Y pondré mi Espíritu en ti y te moveré a seguir mis decretos y tener cuidado de guardar mis leyes. Vivirás en la tierra que di a tus antepasados; Serás mi pueblo y yo seré tu Dios.

Ezequiel 36: 25-28

_____

_____

_____

_____

_____

_____

_____

Siendo bendecido

~ SITUACIONES PARA LOS SANTOS ~

ELIJA SUS CASOS judiciales con cuidado.

Si alguno de ustedes tiene una disputa con otro, ¿se atreverá a llevarlo a juicio ante los impíos en lugar de ante los santos?

¿No sabes que los santos juzgarán al mundo? Y si vas a juzgar al mundo, ¿no eres competente para juzgar casos triviales?

¿Sabes que juzgaremos a los ángeles? ¡Cuánto más las cosas de esta vida! Por lo tanto, si tiene disputas sobre tales asuntos, ¡designe como jueces incluso a hombres de poca importancia en la iglesia! *1 Corintios 6: 1-4*

_____

_____

_____

_____

_____

_____

_____

_____

Siendo bendecido

~ LOS DESAFÍOS DE LA MULTIPLICACIÓN ~

NO SE DEJE atrapar por la frecuencia con la que debemos perdonar. Cuanto más contemple la frecuencia con la que se requiere el perdón, y las acciones de los demás, más espacio le dará al enemigo para colarse y comenzar a trabajar su maldad contra su bien.

Entonces vino Pedro a Jesús y le preguntó: "Señor, ¿cuántas veces perdonaré a mi hermano cuando peca contra mí? ¿Hasta siete veces?

Jesús respondió: "Te digo, no siete veces, sino setenta y siete veces". Mateo 18: 21-22

_____

_____

_____

_____

_____

_____

_____

_____

Siendo bendecido

~ POR SIEMPRE ~

DIOS HA ESTADO usando este mes para purificar nuestros corazones y librarnos de la "basura" interior.

Por lo tanto, vigile, porque no sabe el día ni la hora.
Mateo 25:13

Mientras adoras a nuestro Señor hoy, recuerda agradecerle por su paciencia que continuamente te cubre. Ha permitido otro día. Otra oportunidad para acertar con Él.

Lea el Salmo 136. Conozca la plenitud y el alcance del amor y la misericordia de Dios hacia nosotros.

_____

_____

_____

_____

_____

_____

_____

_____

Siendo bendecido

~ PODA ~

¡ESTE SERÁ UN día poderoso en el nombre de Jesús! ¡Agárrate a tu asiento! ¡Mantente en la Palabra y mira! Mire en el Espíritu y verá la mano de Dios moviéndose.

Soy la vid verdadera, y mi padre es el jardinero. Él corta cada rama en mí que no da fruto, mientras que cada rama que da fruto, las poda para que sea aún más fructífera. Ya estás limpio por la palabra que te he dicho.

Permanece en mí y yo permaneceré en ti. Ninguna rama puede dar fruto por sí misma; debe permanecer en la vid. Tampoco puedes dar fruto a menos que te quedes en mí. Yo soy la vid ustedes son las ramas Si un hombre permanece en mí y yo en él, dará mucho fruto; aparte de mí no puedes hacer nada. Juan 15: 1-5

_____

_____

_____

_____

_____

_____

_____

Siendo bendecido

~ Dios te ama ~

Independientemente de tu "estado", Dios te ama, y Él te amó primero.

El Señor se nos apareció en el pasado, diciendo: "Te he amado con un amor eterno; Te he dibujado con bondad amorosa.

Jeremías 31: 3

_____

_____

_____

_____

_____

_____

_____

_____

_____

_____

_____

_____

Siendo bendecido

~ ¿QUIÉN MERECE TU AMOR? ~

MI ORDEN ES esta: Ámense como yo los he amado. Nadie tiene Mayoor amor que este, que ponga su vida por sus amigos. Ustedes son mis amigos si hacen lo que yo les ordeno.

Ya no los llamo sirvientes, porque un sirviente no conoce los negocios de su amo. En cambio, los he llamado amigos, por todo lo que aprendí de mi Padre, les he dado a conocer. Juan 15: 12-15

_____

_____

_____

_____

_____

_____

_____

_____

_____

_____

_____

_____

Siendo bendecido

~ Di lo que quieres decir- Significa lo que dices ~

¿Has alimentado a alguien últimamente?

Cuando terminaron de comer, Jesús le dijo a Simón Pedro: "Simón, hijo de Juan, ¿realmente me amas más que estos?" "Sí, Señor", dijo, "sabes que te amo". Jesús dijo: " Alimenta a mis corderos.

Una vez más, Jesús dijo: "Simón, hijo de Juan, ¿realmente me amas?" Él respondió: "Sí, Señor, sabes que te amo". Jesús dijo: "Cuida de mis ovejas". La tercera vez que le dijo, "Simon hijo de John, ¿me amas?"

Pedro estaba herido porque Jesús le preguntó por tercera vez: "¿Me amas?". Él dijo: "Señor, tú sabes todas las cosas; Sabes que te amo."

Jesús dijo: "Apacienta mis ovejas. Te digo la verdad, cuando eras más joven te vestías y ibas a donde querías; pero cuando seas viejo extenderás tus manos, y alguien más te vestirá y te llevará a donde no quieres ir ".

Juan 21: 15-18

_____

_____

_____

Siendo bendecido

~ ¿DEBEMOS AMAR A TODOS? ~

EL AMOR DEBE ser sincero. Odio lo que es malo; aferrarse a lo que es bueno. Dedíquense unos a otros en amor fraternal. Honrarse unos a otros por encima de ustedes mismos.

Nunca te faltará celo, pero mantén tu fervor espiritual, sirviendo al Señor. Sé alegre en la esperanza, paciente en la aflicción, fiel en la oración. Comparte con las personas de Dios que están en necesidad. Practica la hospitalidad. Bendice a los que te persiguen; bendice y no maldigas. Romanos 12: 9-14

_____

_____

_____

_____

_____

_____

_____

_____

_____

_____

Siendo bendecido

~ AMOR ~

SI DOY TODO lo que poseo a los pobres y entrego mi cuerpo a las llamas, pero no tengo amor, no gano nada. El amor es paciente, el amor es amable. No envidia, no se jacta, no es orgulloso. No es grosero, no es egoísta, no se enoja fácilmente, no guarda ningún registro de errores.

El amor no se deleita en el mal sino que se regocija con la verdad. Siempre protege, siempre confía, siempre espera, siempre persevera. El amor nunca falla. Pero donde hay profecías, cesarán; donde hay lenguas, se calmarán; donde hay conocimiento, pasará. 1 Corintios 13: 3-8a

_____

_____

_____

_____

_____

_____

_____

_____

_____

_____

Siendo bendecido

~ ¡GRANDE ES EL SEÑOR NUESTRO DIOS! ~

¡QUÉ DÍA TAN glorioso es! Simplemente mire a su alrededor y vea la obra del Señor en su tierra.

Alabado sea el Señor, todas las naciones; ensalzadlo, todos ustedes pueblos.

Porque grande es su amor hacia nosotros, y la fidelidad del Señor permanece para siempre.

Salmo 117

Siendo bendecido

~ TOMA ASIENTO ~

EL AMOR DE Dios es eterno. Él nos cuida de muchas maneras y nos ha provisto en su reino. Su deseo para cada uno de nosotros es vivir la vida al máximo para poder bendecirnos abundantemente tanto aquí en la tierra como en el cielo.

Pero debido a su gran amor por nosotros, Dios, que es rico en misericordia, nos dio vida con Cristo incluso cuando estábamos muertos en transgresiones: es por gracia que has sido salvo.

Y Dios nos levantó con Cristo y nos acomodó con él en los reinos celestiales en Cristo Jesús, para que en las edades venideras pudiera mostrar las riquezas incomparables de su gracia, expresadas en su bondad hacia nosotros en Cristo Jesús. Porque es por gracia que han sido salvados, por fe, y esto no de ustedes mismos, es el regalo de Dios, no por obras, para que nadie pueda jactarse. Efesios 2: 4-9

_____

_____

_____

_____

_____

_____

Siendo bendecido

~ ¿TE CONOCES? ~

SE HA DICHO "El amor es una cosa esplendorosa". Ten mucho cuidado. Ante todo, confía en Dios.

El corazón es engañoso sobre todas las cosas y más allá de la cura. ¿Quién puede entenderlo? Yo, el Señor, busco en el corazón y examino la mente, para recompensar a un hombre de acuerdo con su conducta, de acuerdo con lo que merecen sus obras. Jeremías 17: 9-10

_____

_____

_____

_____

_____

_____

_____

_____

_____

_____

Siendo bendecido

~ ¿CUÁNTO LO AMAS? ~

EL SEÑOR NUESTRO Dios, el Señor es uno. Ama al Señor tu Dios con todo tu corazón y con toda tu alma y con todas tus fuerzas. Estos mandamientos que les doy hoy deben estar sobre sus corazones.

Impresiona a tus hijos. Hable sobre ellos cuando se siente en casa y cuando camina entre la carretera, cuando se acuesta y cuando se levanta. Átelos como símbolos en sus manos y átelos en sus frentes.

Deuteronomio 6: 4b-8

_____

_____

_____

_____

_____

_____

_____

_____

_____

_____

_____

Siendo bendecido

~ EL SILENCIO PUEDE SER DORADO ~

¿ES TU AMOR lo suficientemente fuerte como para permanecer en silencio?

Porque sé cuántos son tus delitos y cuán grandes son tus pecados. Oprimes a los justos y aceptas sobornos y privas a los pobres de justicia en los tribunales. Por lo tanto, el hombre prudente se queda callado en esos tiempos, porque los tiempos son malos.

Busca el bien, no el mal, para que puedas vivir. Entonces el Señor Dios Todopoderoso estará contigo, tal como tú lo dices. Amós 5: 12-15

_____

_____

_____

_____

_____

_____

_____

_____

_____

_____

Siendo bendecido

~ EL AMOR PUEDE SER DURO ~

SIEMPRE QUEDARÁ UNA verdad, y ese es el amor eterno de Dios. La vida puede traer muchos actos de bondad, dolores, alegrías, sufrimientos y emociones de diversos tipos. ¡Aún así, nadie te amará como Dios! No permitas que nada ni nadie se interponga entre ese amor.

¿Quién nos separará del amor de Cristo? ¿Deberán los problemas, las dificultades, la persecución, el hambre, la desnudez, el peligro o la espada? Como está escrito: "Por tu bien, enfrentamos la muerte todo el día; somos considerados como ovejas para ser sacrificados «.

No, en todas estas cosas somos más que vencedores a través de aquel que nos ama. Porque estoy convencido de que ni la muerte ni la vida, ni los ángeles ni los demonios, ni el presente ni el futuro, ni los poderes, ni la altura, la profundidad ni ninguna otra cosa en toda la creación, podrán separarnos del amor de Dios que es en Cristo Jesús nuestro Señor. Romanos 8: 35-39

_____

_____

_____

_____

_____

_____

Siendo bendecido

~ ¡EL MICRÓFONO ESTÁ ENCENDIDO! ~

PODEMOS QUEDAR ATRAPADOS en cualquier momento con ira o pensamientos inapropiados provocados por las acciones de otros. Lo que sale de nuestra boca después de tal encuentro es más probable que sea el único recuerdo que recordará el oyente. Mantente en guardia en todo momento.

La boca del justo es fuente de vida, pero la violencia abruma la boca del impío. El odio despierta la disensión, pero el amor cubre todos los males. Proverbios 10: 11-12

Siendo bendecido

~ SACRIFICIO ~

PORQUE DIOS AMÓ *tanto al mundo, que dio a su Hijo unigénito, para que todo el que cree en él no perezca, sino que tenga vida eterna. Porque Dios no envió a su Hijo al mundo para condenar al mundo, sino para salvarlo a través de él.*
Juan 3: 16-17

¿Reconocemos plenamente el sacrificio que Dios dio por una creación tan obstinada, egoísta, desobediente y siempre cambiante de sus propias manos? El rescate fue eterno.

Nunca podemos igualar la entrega de Cristo, sin embargo, nuestro servicio y amor hacia Él se mide individualmente ... por Dios.

_____

_____

_____

_____

_____

_____

_____

_____

_____

Siendo bendecido

~ Tratar a todos por igual ~

Habrá problemas y angustia para cada ser humano que hace el mal: primero para los judíos, luego para los gentiles, pero gloria, honor y paz para todos los que hacen el bien: primero para los judíos, luego para los gentiles. Porque Dios no muestra favoritismo.

Romanos 2: 9-11

Vivimos en una sociedad donde juzgamos a aquellos a quienes nos gustaría amar; Ofrecer ayuda en el momento de necesidad, o incluso hablar primero. Mire a su alrededor hoy cuando llegue a su primer destino. No busque ninguna persona en particular. Simplemente observa. ¿No es genial que Dios no nos vea a nadie más grande que el otro? Todos somos sus hijos y Él nos ama a todos de la misma manera. ¡Que tengas un día próspero en Él!

_____

_____

_____

_____

_____

_____

Siendo bendecido

~ LA LEY DEL AMOR ~

QUE NINGUNA DEUDA permanezca pendiente, excepto la deuda continua de amarse unos a otros, porque el que ama a su prójimo ha cumplido la ley. Los mandamientos, "No cometer adulterio", "No asesinar", "No robar", "No codiciar", y cualquier otro mandamiento que pueda haber, se resumen en esta regla: "Ama a tu prójimo como a ti mismo".

El amor no hace daño a su prójimo. Por lo tanto, el amor es el cumplimiento de la ley. Y haz esto, entendiendo el tiempo presente. Ha llegado la hora de que te despiertes de tu sueño, porque nuestra salvación está más cerca de lo que creíamos."
Romanos 13: 8-11

_____

_____

_____

_____

_____

_____

_____

_____

Siendo bendecido

~ DA UN SALTO DE FE ~

ENTONCES NABUCODONOSOR se enfureció con Sadrac, Mesac y Abednego, y su actitud hacia ellos cambió. Ordenó que el horno se calentara siete veces más de lo normal y ordenó a algunos de los soldados más fuertes de su ejército que ataran a Shadrach, Meshach y Abednego y los arrojaran al horno ardiente. Entonces estos hombres, vestidos con sus túnicas, pantalones, turbantes y otras ropas, fueron atados y arrojados al horno ardiente. La orden del rey era tan urgente y el horno tan caliente que las llamas del fuego mataron a los soldados que tomaron Shadrach, Meshach y Abednego, y estos tres hombres, firmemente atados, cayeron en el horno ardiente.

Entonces el rey Nabucodonosor se puso de pie con asombro y preguntó a sus consejeros: "¿No había tres hombres a los que atamos y tiramos al fuego?"

Ellos respondieron: "Ciertamente, Su Majestad". Él dijo: "¡Mira! Veo a cuatro hombres caminando en el fuego, sin ataduras ni daños, y el cuarto parece un hijo de los dioses ". Nabucodonosor se acercó a la apertura del horno en llamas y gritó:" Sadrac, Mesac y Abednego, sirvientes del Altísimo Dios, sal! ¡Ven aquí! "Entonces Sadrac, Mesac y Abednego salieron del fuego.

Daniel 3: 19-26

CONFÍA EN DIOS. ¡Incluso cuando se siente como si estuvieras en el fuego!

Siendo bendecido

Marzo

EL SEÑOR ES misericordioso y misericordioso. Tanto es así, ha revelado que marzo será un mes de recepción. ¿Alguna vez has tenido que esperar algo por mucho tiempo? Parece que nada en la vida es peor que tener que esperar. ¿Has estado preguntando y aún no has recibido? Dios ha estado esperando esperando bendecir a sus hijos.

A pesar de nosotros, Dios está liberando múltiples bendiciones. ¡Abre tu corazón, mente, cuerpo, espíritu, cuentas bancarias, puertas de negocios y hogares! Es hora de recibir.

~ SI! ~

TODAS ESTAS BENDICIONES vendrán sobre ti y te acompañarán si obedeces al Señor tu Dios:

Serás bendecido en la ciudad y bendecido en el país. El fruto de tu vientre será bendecido, y los cultivos de tu tierra y las crías de tu ganado, los terneros de tus rebaños y los corderos de tus rebaños. Tu cesta y tu artesa serán bendecidos. Serás bendecido cuando entres y bendecido cuando salgas.

El Señor abrirá los cielos, el depósito de su generosidad, para enviar lluvia sobre tu tierra en temporada y bendecir todo el trabajo de tus manos. Prestará a muchas naciones pero no tomará prestado de ninguna. El Señor te hará la cabeza, no la cola.

Si prestas atención a los mandamientos del Señor tu Dios que te doy este día y sigues cuidadosamente, siempre estarás en la parte superior, nunca en la parte inferior. No te apartes de ninguno de los mandamientos que te doy hoy, a la derecha o a la izquierda, siguiendo a otros dioses y sirviéndolos ".

Deuteronomio 28: 2-6; 12-14

_____

_____

_____

_____

Siendo bendecido

2 DE MARZO

~ ESTÉ PREPARADO PARA
EL CAMBIO ~

DIOS DESEA LLEVARNOS a otra dimensión; Se requiere un cambio para hacerlo. Mantén tu mente aguda. Guarda los negativos. Esté abierto a las infinitas posibilidades que solo Él puede brindarle.

¡Mira, estoy haciendo algo nuevo! Ahora brota; ¿no lo percibes?

Estoy haciendo un camino en el desierto y arroyos en el páramo. Isaías 43: 19

_____

_____

_____

_____

_____

_____

_____

_____

_____

_____

Siendo bendecido

~ HAY LUGAR EN LA CRUZ PARA TI ~

MIENTRAS ESPERAMOS LA grandeza de Dios este mes, honre su casa con su presencia y celebre a Jesús. Pasa tiempo conviviendo con los santos.

¿Quién puede subir la colina del Señor? ¿Quién puede soportar su lugar sagrado? El que tiene manos limpias y un corazón puro, que no eleva su alma a un ídolo ni jura por lo que es falso.

Recibirá la bendición del Señor y la vindicación de Dios su Salvador. Salmo 24: 3-5

_____

_____

_____

_____

_____

_____

_____

_____

_____

Siendo bendecido

~ ¿CÓMO LO SABEMOS? ~

RUEGO QUE HAYA estado buscando al Señor cada día y le haya estado pidiendo todo lo que ha preparado para usted. Naturalmente, hay cosas que desea, sin embargo, lo que tiene reservado para nosotros cada día puede ser totalmente diferente. ¡Pídelo todo!

Sin embargo, como está escrito: "Ningún ojo ha visto, ningún oído ha oído, ninguna mente ha concebido lo que Dios ha preparado para los que lo aman"

Pero Dios nos lo ha revelado por su Espíritu. El Espíritu busca todas las cosas, incluso las cosas profundas de Dios. ¿Para quién conoce los pensamientos de una persona excepto su propio espíritu dentro de ellos? Del mismo modo, nadie conoce los pensamientos de Dios, excepto el Espíritu de Dios. 1 Corintios 2: 9-11

_____

_____

_____

_____

_____

_____

_____

Siendo bendecido

~ UN DIOS DE LA VARIEDAD ~

EL SEÑOR NUESTRO Dios da bendiciones de muchas maneras. Las bendiciones pueden ser: buena salud, escuchar a un amigo o familiar perdido; curación financiera o materialista o emocional de heridas pasadas. Las bendiciones simplemente vienen en abundancia de posibilidades. Rezo para que su día esté lleno de una variedad desbordante.

Para el Señor Dios es sol y escudo; el Señor otorga favor y honor; nada bueno les niega a aquellos cuyo andar es perfecto. Oh Señor Todopoderoso, bendito es el hombre que confía en ti. Salmo 84: 11-12

_____

_____

_____

_____

_____

_____

_____

_____

_____

Siendo bendecido

~ CÓMO MANEJAR HOY ~

SI ASÍ ES como Dios viste la hierba del campo, que está aquí hoy, y mañana es arrojada al fuego, ¿no te vestirá mucho más, a ti de poca fe? Entonces, no se preocupe, diciendo: "¿Qué comeremos?" O "¿Qué beberemos?" O "¿Qué vestiremos?". Porque los paganos corren tras todas estas cosas, y su Padre celestial sabe que las necesita. Pero busca primero su reino y su justicia, y todas estas cosas también te serán dadas.

Por lo tanto, no te preocupes por el mañana, porque mañana se preocupará por sí mismo. Cada día tiene suficientes problemas propios. Mateo 6: 30-34

_____

_____

_____

_____

_____

_____

_____

_____

_____

_____

Siendo bendecido

~ ¡FLEXIONA TUS MÚSCULOS ESPIRITUALES! ~

Y LOS DEJÓ Y *salió de la ciudad a Betania, donde pasó la noche. Temprano en la mañana, cuando Jesús regresaba a la ciudad, tenía hambre. Al ver una higuera junto a la carretera, se acercó a ella pero no encontró nada más que hojas. Luego le dijo: "¡Que nunca vuelvas a dar fruto!" Inmediatamente el árbol se marchitó.*

Cuando los discípulos vieron esto, se asombraron. "¿Cómo se marchitó la higuera tan rápido?", Preguntaron. Jesús respondió: "En verdad te digo, si tienes fe y no dudes, no solo puedes hacer lo que le hiciste a la higuera, sino que también puedes decirle a esta montaña: 'Ve, tírate al mar'. y se hará Si crees, recibirás lo que pidas en oración".

Mateo 21: 17-22

_____

_____

_____

_____

_____

_____

_____

_____

Siendo bendecido

~ SIERVO / AMO AMBOS IGUALES

ESCLAVOS, OBEDEZCAN A sus amos terrenales con respeto y miedo, y con sinceridad de corazón, tal como obedecerían a Cristo. Obedécelos no solo para ganar su favor cuando te echen el ojo, sino como esclavos de Cristo, haciendo la voluntad de Dios desde tu corazón.

Sirve de todo corazón, como si estuvieras sirviendo al Señor, no a las personas, porque sabes que el Señor recompensará a cada uno por el bien que hagan, ya sean esclavos o libres. Y amos, traten a sus esclavos de la misma manera.

No los amenaces, ya que sabes que él, que es tanto su Maestro como el tuyo, está en el cielo, y no hay favoritismo con él.

Efesios 6: 5-9

_____

_____

_____

_____

_____

_____

_____

Siendo bendecido

~ No se requiere un tercero ~

¡Ruego que su semana haya pasado con las bendiciones de Dios y que se haya fortalecido por el poder de su poder! ¡Es genial saber que tienes acceso directo!

Por lo tanto, dado que hemos sido justificados por la fe, tenemos paz con Dios a través de nuestro Señor Jesucristo, a través del cual hemos obtenido acceso por fe a esta gracia en la que ahora nos encontramos. Y nos jactamos de la esperanza de la gloria de Dios.

No solo eso, sino que también nos gloriamos en nuestros sufrimientos, porque sabemos que el sufrimiento produce perseverancia; perseverancia, carácter; y carácter, esperanza. Y la esperanza no nos avergüenza, porque el amor de Dios ha sido derramado en nuestros corazones a través del Espíritu Santo, que nos ha sido dado. Romanos 5: 1-5

_____

_____

_____

_____

_____

_____

Siendo bendecido

12 DE MARZO
~ PERDONADO ~

EN EL HORIZONTE hay una iluminación a las glorias de Dios. Presta misericordia para que puedas recibir lo mismo.

De nuevo, Jesús dijo: "¡La paz sea con ustedes! Como el Padre me ha enviado, te estoy enviando a ti ". Y con eso sopló sobre ellos y dijo:" Recibe el Espíritu Santo. Si perdonas los pecados de alguien, sus pecados son perdonados; si no los perdonas, no serán perdonados".

Juan 20: 21-23

_____
_____
_____
_____
_____
_____
_____
_____
_____
_____

Siendo bendecido

~ ¡A LA VUELTA DE LA ESQUINA! ~

¿LE HA PARECIDO que a Dios le ha tomado una eternidad moverse en su vida? Sepa que las respuestas vienen de varias maneras. A veces la respuesta no es lo que preferimos. Solo recuerde, Dios tiene nuestro mejor interés en el corazón, y Él siempre responde.

Sabemos que toda la creación ha estado gimiendo como en los dolores del parto hasta el momento presente. No solo eso, sino que nosotros mismos, que tenemos los primeros frutos del Espíritu, gemimos internamente mientras esperamos ansiosamente nuestra adopción de la filiación, la redención de nuestros cuerpos. Porque en esta esperanza fuimos salvos. Pero la esperanza que se ve no es ninguna esperanza. ¿Quién espera lo que ya tienen? Pero si esperamos lo que aún no tenemos, lo esperamos con paciencia. Romanos 8: 22-25

_____

_____

_____

_____

_____

_____

Siendo bendecido

~ ¡COMO ESO! ~

COMO NO SABEMOS cómo o cuándo Dios vendrá en nuestra ayuda, siempre debemos estar en oración y nunca perder la fe. Porque Dios no es hombre para que mienta, y su palabra no volverá vacía.

Alrededor de la medianoche, Pablo y Silas estaban rezando y cantando himnos a Dios, y los otros prisioneros los escuchaban. De repente hubo un terremoto tan violento que los cimientos de la prisión fueron sacudidos.

De inmediato, todas las puertas de la prisión se abrieron y las cadenas de todos se soltaron. Hechos 16: 25-26

_____

_____

_____

_____

_____

_____

_____

_____

_____

Siendo bendecido

~ ¡EL ENEMIGO NO QUIERE QUE CONSIGAS LA TUYA! ~

¿ALGUNA VEZ HAS pensado «Si la vida podría ser un poco más simplificada?» Hay momentos en que las bendiciones parecen venir con poco o ningún esfuerzo. El enemigo hará todo lo posible para engañarnos, pero nuestro Dios lo sabe todo y lo ve todo. Asegúrese de estar atento a la puerta por la que está caminando.

Por lo tanto, Jesús dijo nuevamente: "De verdad te digo que soy la puerta de las ovejas. Todos los que han venido antes que yo son ladrones y ladrones, pero las ovejas no los han escuchado. Yo soy la puerta El que entre por mí será salvo. Entrarán y saldrán, y encontrarán pastos. El ladrón viene solo para robar, matar y destruir; He venido para que tengan vida, y la tengan en plenitud".

Juan 10: 7-10

_____

_____

_____

_____

_____

_____

Siendo bendecido

~ PERMANECE PURO ~

SIN EMBARGO, LES instamos, hermanos y hermanas, a que lo hagan cada vez más y que su ambición sea llevar una vida tranquila: deben ocuparse de sus propios asuntos y trabajar con sus manos, tal como les dijimos, para que su trabajo diario la vida puede ganarse el respeto de los extraños y así no dependerás de nadie.

Da gracias en todas las circunstancias; porque esta es la voluntad de Dios para ti en Cristo Jesús. No apagues el Espíritu. No trate las profecías con desprecio, sino pruébelas todas; aferrarse a lo que es bueno, rechazar todo tipo de maldad.

1 Tesalonicenses 4: 10b-12; 5: 18-22

_____

_____

_____

_____

_____

_____

_____

_____

Siendo bendecido

~ Tienes libre albedrío ~

HAY MUCHOS REGALOS *que recibiremos aquí en la tierra, pero sabemos que nuestras verdaderas recompensas nos esperan en el cielo.*

Porque todos debemos comparecer ante el tribunal de Cristo, para que cada uno de nosotros reciba lo que se nos debe por las cosas que se hacen mientras estamos en el cuerpo, ya sean buenas o malas. 2 Corintios 5:10

Siendo bendecido

~ LA CARRERA ESTÁ EN TI ~

ESTÁ BIEN PENSAR "egoístamente" a veces. Creo que cuando hayamos llegado al final de nuestro viaje y nos presentemos ante nuestro Creador, muchos de nosotros no pensaremos en los demás. Solo Dios y tú ante Su trono. No habrá nadie más.

Desde la primera etapa hasta el ancla, todo depende de ti.

¿No sabes que en una carrera todos los corredores corren, pero solo uno recibe el premio? Corre de tal manera que consigas el premio. Todos los que compiten en los juegos se someten a un entrenamiento estricto. Lo hacen para obtener una corona que no durará, pero lo hacemos para obtener una corona que durará para siempre.

Por lo tanto, no corro como alguien corriendo sin rumbo; No lucho como un boxeador golpeando el aire. No, le doy un golpe a mi cuerpo y lo convierto en mi esclavo para que después de haber predicado a otros, yo mismo no sea descalificado para el premio. 1 Corintios 9: 24-27

_____

_____

_____

_____

Siendo bendecido

~ ¡ÉL ES GLORIOSAMENTE MAJESTUOSO! ~

EL SEÑOR NUESTRO Dios es digno de toda nuestra alabanza. Continuamente bendice, guarda, protege, guía y ama a cada uno de sus hijos.

Tu amor, SEÑOR, llega a los cielos, tu fidelidad a los cielos. Tu justicia es como las montañas más altas, tu justicia como el gran abismo.

Tú, Señor, preserva tanto a las personas como a los animales. ¡Cuán invaluable es tu amor inagotable, oh Dios!

La gente se refugia a la sombra de tus alas. Se deleitan con la abundancia de tu casa; les das de beber de tu río de delicias.

Porque contigo está la fuente de la vida; en tu luz vemos luz. Salmo 36: 5-9

_____

_____

_____

_____

_____

_____

Siendo bendecido

~ BUENA FRUTA ESTÁ A TU ALCANCE ~

TENGA EN CUENTA *las palabras de Jesús:*

Haga que un árbol sea bueno y su fruto será bueno o que un árbol sea malo y su fruto será malo, porque un árbol es reconocido por su fruto. Criada de víboras, ¿cómo pueden ustedes, que son malvados, decir algo bueno? Porque la boca habla de lo que está lleno el corazón. Un hombre bueno saca cosas buenas del bien almacenado en él, y un hombre malvado saca cosas malas del mal almacenado en él.

Pero les digo que todos tendrán que rendir cuentas el día del juicio por cada palabra vacía que hayan dicho. Porque por tus palabras serás absuelto, y por tus palabras serás condenado. Mateo 12: 33-37

_____

_____

_____

_____

_____

_____

_____

Siendo bendecido

~ ¡YA BENDECIDO! ~

EL SEÑOR NOS recuerda y nos bendecirá:

Bendecirá a su pueblo Israel, bendecirá la casa de Aarón, bendecirá a los que temen al Señor, tanto grandes como pequeños.

Que el Señor te haga florecer, tanto a ti como a tus hijos. Que seas bendecido por el Señor, el Hacedor del cielo y de la tierra.

Los cielos más altos pertenecen al SEÑOR, pero la tierra la ha dado a la humanidad. Salmo 115: 12-16

_____

_____

_____

_____

_____

_____

_____

_____

_____

Siendo bendecido

~ REGALOS JUSTOS ~

PORQUE TE DIGO *que a menos que tu justicia supere a la de los fariseos y los maestros de la ley, ciertamente no entrarás en el reino de los cielos. Has oído que se le dijo a la gente hace mucho tiempo: "No matarás, y cualquiera que asesine estará sujeto a juicio".*

Pero te digo que cualquiera que esté enojado con un hermano o hermana estará sujeto a juicio. Una vez más, cualquiera que diga a un hermano o hermana "Raca" es responsable ante el tribunal. Y cualquiera que diga: "¡Necio!" Estará en peligro del fuego del infierno.

Mateo 5: 20-22

_____

_____

_____

_____

_____

_____

_____

_____

Siendo bendecido

~ DAR ALEGREMENTE ~

DONDE QUIERA QUE esté hoy, mire por la ventana y vea el poder de nuestro Señor. Viento, lluvia, granizo, aguanieve, nieve, sol, luna y estrellas. El Señor nuestro Dios lo hizo todo.

Y Dios puede bendecirte abundantemente, de modo que en todas las cosas en todo momento, teniendo todo lo que necesitas, abundarás en toda buena obra. Como está escrito: "Han distribuido libremente sus dones a los pobres; su justicia permanece para siempre".

Ahora, el que suministra semillas al sembrador y pan para alimento también suministrará y aumentará su reserva de semillas y aumentará la cosecha de su justicia. Se enriquecerá en todos los sentidos para que pueda ser generoso en cada ocasión, y a través de nosotros su generosidad dará como resultado la acción de gracias a Dios". II Corintios 9: 8-11

_____

_____

_____

_____

_____

_____

_____

Siendo bendecido

~ PUEDES CORRER PERO NO PUEDES ESCONDERTE ~

¿ALGUNA VEZ HA tratado de cubrir su capacidad para realizar ciertas tareas? Dios sabe que tienes el don y entiende tu inseguridad. Sin embargo...

Porque los dones de Dios y su llamado son irrevocables. De la misma manera que ustedes que alguna vez fueron desobedientes a Dios ahora han recibido misericordia como resultado de su desobediencia, ellos también se han vuelto desobedientes para que ellos también puedan recibir misericordia como resultado de la misericordia de Dios hacia ustedes.

"¿Quién le ha dado a Dios para que Dios les pague?" Porque de él y por él y para él son todas las cosas. ¡A él sea la gloria por siempre! Amén.

Romanos 11:29, 36

Siendo bendecido

~ ¿QUÉ QUIERES? ~

SIEMPRE SE HONESTO contigo mismo. Dios conoce nuestras verdaderas intenciones, pero a menudo tratamos de enmascararlas. Es mejor ser honesto. Incluso contigo mismo.

Cuando el SEÑOR se complace en el camino de cualquiera, hace que sus enemigos hagan las paces con ellos. Mejor un poco con justicia que mucho ganar con injusticia.

En sus corazones los humanos planean su curso, pero el SEÑOR establece sus pasos. Proverbios 16: 7-9

Siendo bendecido

~ ¿OYES LO QUE OIGO? ~

ASCRÍBETE AL SEÑOR, seres celestiales, atribuye al SEÑOR la gloria y la fuerza. Atribuye al SEÑOR la gloria debida a su nombre; adorad al SEÑOR en el esplendor de su santidad.

La voz de Jehová está sobre las aguas; el Dios de gloria truena, el SEÑOR truena sobre las aguas poderosas. La voz del SEÑOR es poderosa; La voz del SEÑOR es majestuosa.

El SEÑOR se sienta entronizado sobre el diluvio; el SEÑOR es entronizado como Rey para siempre. El SEÑOR da fuerza a su pueblo; el SEÑOR bendice a su pueblo con paz".

Salmo 29: 1-4; 10-11

Que tu día se llene de alabanzas a Dios: el Creador y Creador de cada regalo bueno y perfecto.

_____

_____

_____

_____

_____

_____

_____

Siendo bendecido

~ ¡TENEMOS ESPÍRITU! ¡SÍ, LO HACEMOS! ~

NO HAY BENDICIÓN como la que nos acerca a Dios. Pablo dijo:

Gracia y paz para con ustedes de parte de Dios nuestro Padre y del Señor Jesucristo. Alabado sea el Dios y Padre de nuestro Señor Jesucristo, quien nos ha bendecido en los reinos celestiales con toda bendición espiritual en Cristo.

Porque él nos eligió en él antes de la creación del mundo para ser santos e irreprensibles a su vista. En el amor, nos predestinó para la adopción de la filiación a través de Jesucristo, de acuerdo con su placer y voluntad, para la alabanza de su gloriosa gracia, que nos ha dado libremente en el que ama.

Efesios 1: 2-6

_____

_____

_____

_____

_____

_____

_____

Siendo bendecido

~ HAY UNA BENDICIÓN EN LA "PALIZA" ~

CUANDO ERAS NIÑO, ¿recibiste alguna vez "disciplina"? Se sintió más como una paliza que otra cosa. Dios nos disciplina, y Su disciplina puede sentir que también es hasta la muerte, y aún así vivimos para ver otro día.

¿Y ha olvidado por completo esta palabra de aliento que se dirige a usted como un padre se dirige a su hijo? Dice: «Hijo mío, no desprecies la disciplina del Señor, y no te desanimes cuando te reprenda, porque el Señor disciplina al que ama y castiga a todos los que acepta como su hijo».

Soportar las dificultades como disciplina; Dios te trata como a sus hijos. ¿Para qué hijos no son disciplinados por su padre? Si no eres disciplinado, y todos se someten a la disciplina, entonces no eres legítimo, no son verdaderos hijos e hijas. Además, todos hemos tenido padres humanos que nos disciplinaron y los respetamos por ello. ¡Cuánto más debemos someternos al Padre de los espíritus y vivir! Nos disciplinaron por un momento como lo pensaron mejor; pero Dios nos disciplina por nuestro bien, para que podamos compartir su santidad.

Hebreos 12: 5-10

Siendo bendecido

~ ¡NO TE RINDAS! ~

EL DESÁNIMO ENCUENTRA su camino en cada una de nuestras vidas en algún momento. No te pierdas en el bombo de las circunstancias que te rodean. El enemigo desea que te concentres en el lugar donde te diriges con la esperanza de que pases por alto los dones y la dirección de Dios.

¿No sabes? ¿No te has enterado? El SEÑOR es el Dios eterno, el Creador de los confines de la tierra. No se cansará ni se cansará, y su comprensión nadie puede comprender. Da fuerza a los cansados *y aumenta el poder de los débiles. Incluso los jóvenes se cansan y cansan, y los jóvenes tropiezan y caen; pero los que esperan en el SEÑOR renovarán sus fuerzas. Volarán en alas como las águilas; correrán y no se cansarán, caminarán y no se desMayoarán.*

Isaías 40: 28-31

Siendo bendecido

~ ¿QUÉ SEMILLAS HAS SEMBRADO ÚLTIMAMENTE? ~

NO TE ENGAÑES. Ese viejo dicho "cosechas lo que siembras" en realidad es de base bíblica.

El hecho mismo de que haya demandas entre ustedes significa que ya ha sido completamente derrotado. ¿Por qué no prefieres ser perjudicado? ¿Por qué no prefieres ser engañado? En cambio, ustedes mismos engañan y hacen mal, y hacen esto a sus hermanos y hermanas. ¿O no sabes que los malhechores no heredarán el reino de Dios?

No se dejen engañar: ni los sexualmente inmorales, ni los idólatras, ni los adúlteros, ni los hombres que tienen sexo con hombres, ni los ladrones, ni los avaros, ni los borrachos, ni los calumniadores ni los estafadores heredarán el reino de Dios. 1 Corintios 6: 7-10

_____

_____

_____

_____

_____

_____

_____

Siendo bendecido

~ No cuando quieres ¡Pero siempre a tiempo!~

Es difícil creer que pase un cuarto del año. Una cosa sorprendente acerca de Dios es que sus bendiciones son ilimitadas. Están en abundancia y no tienen fecha de vencimiento. Los distribuye como quiere.

Puede o no haber recibido exactamente lo que estaba pidiendo o esperando. Quizás descubriste que recibiste más de lo que imaginaste.

Pero no olviden esto, queridos amigos: para el Señor un día es como mil años, y mil años son como un día. El Señor no tarda en cumplir su promesa, ya que algunos entienden la lentitud.
2 Pedro 3: 8-9a

_____

_____

_____

_____

_____

_____

_____

Siendo bendecido

Abril

LOS SACRIFICIOS DE Jesucristo por nuestro bien serán el foco central este mes. Fueron más que un sacrificio de "Viernes Santo a través del Domingo de resurrección".

~ ¿ERES SOLO UNA TONTA DE ABRIL? ~

HOY ES UN día en el que muchos juegan bromas y se burlan de los demás. Pablo dijo a la iglesia de Corinto:

¡Somos tontos por Cristo, pero ustedes son muy sabios en Cristo! Somos débiles, ¡pero tú eres fuerte! Estás honrado, estamos deshonrados! Hasta esta misma hora pasamos hambre y sed, estamos en harapos, nos tratan brutalmente, no tenemos hogar. Trabajamos duro con nuestras propias manos.

Cuando estamos malditos, bendecimos; cuando somos perseguidos, lo soportamos; cuando somos calumniados, respondemos amablemente. Nos hemos convertido en la escoria de la tierra, la basura del mundo, hasta este momento. Escribo esto no para avergonzarte sino para advertirte como mis queridos hijos.

Incluso si tuvieras diez mil guardianes en Cristo, no tienes muchos padres, porque en Cristo Jesús me convertí en tu padre a través del evangelio. Porque el reino de Dios no es una cuestión de conversación sino de poder. 1 Corintios 4: 10-15; 20

Siendo bendecido

2 DE ABRIL

~ CARNE Y SANGRE-ARCILLA Y PIEDRA-JESÚS FUE TODO ~

TAMBIÉN, COMO PIEDRAS vivas, están siendo construidos en una casa espiritual para ser un sacerdocio sagrado, ofreciendo sacrificios espirituales aceptables para Dios a través de Jesucristo. Porque en las Escrituras dice:

Mira, pongo una piedra en Sion, una piedra angular elegida y preciosa, y el que confía en él nunca será avergonzado.

Pero ustedes son un pueblo elegido, un sacerdocio real, una nación santa, la posesión especial de Dios, para que puedan declarar las alabanzas de aquel que los llamó de la oscuridad a su maravillosa luz. Antes no eras un pueblo, pero ahora eres el pueblo de Dios; una vez que no había recibido misericordia, pero ahora la ha recibido.

1 Pedro 2: 5-6; 9-10

_____

_____

_____

_____

_____

_____

Siendo bendecido

~ ESTE PAN ES BUENO PARA TI ~

ENTONCES JESÚS DECLARÓ: *"Yo soy el pan de vida. Quien venga a mí nunca pasará hambre, y quien crea en mí nunca tendrá sed. Pero como te dije, me has visto y aún no crees. Todo lo que el Padre me da vendrá a mí, y quienquiera que venga a mí, nunca me iré.*

Porque he bajado del cielo no para hacer mi voluntad, sino para hacer la voluntad del que me envió. Y esta es la voluntad del que me envió, que no pierda ninguno de los que me ha dado, sino que los resucite en el último día. Porque la voluntad de mi Padre es que todos los que miran al Hijo y creen en él tendrán vida eterna, y yo los resucitaré en el último día.

Juan 6: 35-40

_____

_____

_____

_____

_____

_____

_____

_____

Siendo bendecido

~ SOMOS HEREDEROS, ¿NO? ~

CONFIAMOS EN QUE goce de buena salud y sienta la alegría de Jesús. Él ha hecho mucho por nosotros, y aun así está intercediendo en nuestro nombre, incluso cuando no somos dignos. Aunque no siempre nos regimos a nosotros mismos como realeza, seguimos siendo sus herederos. ¿No es maravilloso tener un Salvador como Él?

Siga el ejemplo de Dios, por lo tanto, como hijos amados y camine en el camino del amor, así como Cristo nos amó y se entregó por nosotros como una ofrenda fragante y sacrificio a Dios. Pero entre ustedes no debe haber ni una pizca de inmoralidad sexual, ni de ningún tipo de impureza, ni de avaricia, porque son inapropiados para el pueblo santo de Dios.

Tampoco debe haber obscenidades, tonterías o bromas groseras, que están fuera de lugar, sino más bien acción de gracias. De esto puede estar mpure: ninguna persona inmoral, mpure o codiciosa, tal persona es idólatra, tiene herencia en el reino de Cristo y de Dios.

Efesios 5: 1-5

Siendo bendecido

~ PAGÓ UN PRECIO POR LAS COSAS QUE PENSAMOS ~

LO QUE PEDRO dijo entonces con respecto al sacrificio de Cristo por nuestra desobediencia todavía se aplica hoy.

Por lo tanto, con las mentes alertas y totalmente sobrias, ponga su esperanza en la gracia que se le brindará cuando Jesucristo se revele en su venida. Como hijos obedientes, no se ajusten a los malos deseos que tenían cuando vivían en la ignorancia. Pero así como el que te llamó es santo, sé santo en todo lo que hagas; porque está escrito: "Sé santo, porque yo soy santo".

1 Pedro 1: 13-16

Siendo bendecido

~ ¿CREES? ~

CONOCER Y COMPRENDER completamente a Dios y su propósito de enviar a Cristo como rescate por los pecados del mundo es poderoso.

Porque hay tres que testifican: el Espíritu, el agua y la sangre; y los tres están de acuerdo. Aceptamos el testimonio humano, pero el testimonio de Dios es Mayoor porque es el testimonio de Dios, que él ha dado sobre su Hijo.

Quien cree en el Hijo de Dios acepta este testimonio. Quien no cree que Dios lo ha hecho mentiroso, porque no ha creído el testimonio que Dios ha dado sobre su Hijo. Y este es el testimonio: Dios nos ha dado vida eterna, y esta vida está en su Hijo.

Quien tiene al Hijo tiene vida; quien no tiene el Hijo de Dios no tiene vida. Les escribo estas cosas que creen en el nombre del Hijo de Dios para que sepan que tienen vida eterna.

1 Juan 5: 7-13

Siendo bendecido

~ DISMINUIR PARA AUMENTAR ~

POR LO TANTO, *si tienes algún aliento de estar unido a Cristo, si hay algún consuelo de su amor, si alguna participación común en el Espíritu, si hay ternura y compasión, entonces completa mi gozo al tener una mentalidad similar, tener el mismo amor, siendo uno en espíritu y de una mente. No hagas nada por ambición egoísta o vanidosa vanidad. Más bien, con humildad valoren a los demás por encima de ustedes mismos, no mirando a sus propios intereses, sino a cada uno de ustedes a los intereses de los demás.*

En sus relaciones mutuas, tengan la misma mentalidad que Cristo Jesús: quien, siendo en su naturaleza Dios, no consideraba la igualdad con Dios como algo para su propio beneficio; más bien, no se hizo nada al tomar la naturaleza misma de un sirviente, siendo hecho a semejanza humana. Y al verse en apariencia como hombre, se humilló al ser obediente a la muerte, ¡incluso a la muerte en la cruz!

Filipenses 2: 1-8

_____

_____

_____

_____

_____

Siendo bendecido

~ GRACIA ~

PORQUE HA APARECIDO *la gracia de Dios que ofrece salvación a todas las personas. Nos enseña a decir "No" a la impiedad y las pasiones mundanas, y a vivir una vida autocontrolada, recta y piadosa en esta era actual, mientras esperamos la bendita esperanza: la aparición de la gloria de nuestro gran Dios y Salvador, Jesucristo, quien se entregó por nosotros para redimirnos de toda maldad y purificar para sí un pueblo que es suyo, ansioso por hacer lo que es bueno.*

Estas son las cosas que debes enseñar. Fomentar y reprender con toda autoridad. No dejes que nadie te desprecie. Recuerde a las personas que deben estar sujetas a los gobernantes y las autoridades, ser obedientes, estar listos para hacer lo que sea bueno, no difamar a nadie, ser pacíficos y considerados, y siempre ser gentiles con todos.

Tito 2: 11-15

_____

_____

_____

_____

_____

_____

Siendo bendecido

9 DE ABRIL

~ ¡JESÚS ES DIGNO! ~

SOMOS BENDECIDOS CON otro día para honrar y recordar a Cristo por su sacrificio y amor que se nos muestra. Amor que dio libremente. Ser alentado. Dios nunca falla.

Grande es el Señor, y el más digno de alabanza, en la ciudad de nuestro Dios, su santo monte.

Porque este Dios es nuestro Dios por los siglos de los siglos; él será nuestra guía hasta el final".

Salmo 48: 1 y 14

Siendo bendecido

~ BROTES ESPIRITUALES ~

PABLO HIZO UNA declaración a la iglesia de Corinto. ¿Has regado o plantado en el jardín de Dios recientemente? Tenga en cuenta que la jardinería es un trabajo tedioso. Para lograr el éxito, se requiere una atención constante.

Yo planté la semilla, Apolos la regó, pero Dios la ha estado haciendo crecer. Entonces, ni el que planta ni el que riega es nada, sino solo Dios, que hace crecer las cosas. El que planta y el que riega tienen un propósito, y cada uno será recompensado de acuerdo con su propio trabajo.

Porque somos colaboradores en el servicio de Dios; eres el campo de Dios, el edificio de Dios. Por la gracia que Dios me ha dado, senté las bases como un sabio constructor, y alguien más está construyendo sobre eso. Pero cada uno debe construir con cuidado. Porque nadie puede poner ningún fundamento que no sea el ya puesto, que es Jesucristo.

1 Corintios 3: 6-11

_____

_____

_____

_____

_____

Siendo bendecido

11 DE ABRIL

~ EL VEREDICTO ~

TU PROPIA GENTE y los principales sacerdotes te entregaron a mí. ¿Qué es lo que has hecho?

Jesús dijo: "Mi reino no es de este mundo. Si así fuera, mis sirvientes lucharían para evitar mi arresto por parte de los líderes judíos. Pero ahora mi reino es de otro lugar". "¡Entonces eres un rey!" dijo Pilato.

Jesús respondió: "Tú dices que soy un rey. De hecho, la razón por la que nací y vine al mundo es para dar testimonio de la verdad. Todos los que están del lado de la verdad me escuchan".

"¿Que es la verdad?" replicó Pilato. Con esto salió nuevamente a los judíos reunidos allí y dijo: "No encuentro base para un cargo en su contra".

Juan 18: 35b-38

_____

_____

_____

_____

_____

_____

Siendo bendecido

~ Espiritualmente Sorda /Sordo ~

MANTENGA SUS OÍDOS espirituales abiertos para escuchar y discernir la palabra de Dios.

Los hombres que vigilaban a Jesús comenzaron a burlarse y golpearlo. Le vendaron los ojos y le preguntaron: "¡Profetiza! ¿Quién te golpeó?" Y le dijeron muchas otras cosas insultantes. Al amanecer, el consejo de los ancianos del pueblo, tanto los principales sacerdotes como los maestros de la ley, se reunieron y Jesús fue guiado ante ellos. "Si usted es el Mesías", dijeron, "díganos".

Jesús respondió: "Si te digo, no me creerás, y si te preguntara, no responderías. Pero de ahora en adelante, el Hijo del Hombre estará sentado a la diestra del poderoso Dios ". Todos preguntaron: "¿Eres entonces el Hijo de Dios?" Él respondió: "Dices que lo soy".

Luego dijeron: "¿Por qué necesitamos más testimonio? Lo hemos escuchado de sus propios labios.

Lucas 22: 63-71

Siendo bendecido

~ DE LOS MISMOS LABIOS ~

CUANDO SE ACERCÓ *al lugar donde el camino desciende por el Monte de los Olivos, toda la multitud de discípulos comenzó a alabar alegremente a Dios en voz alta por todos los milagros que habían visto: "Bienaventurado el rey que viene en el nombre del Señor"! " "¡Paz en el cielo y gloria en las alturas!"*

Queriendo liberar a Jesús, Pilato volvió a recurrir a ellos. Pero ellos seguían gritando: "¡Crucifícalo! ¡Crucifícalo! Por tercera vez les habló: "¿Por qué? ¿Qué crimen ha cometido este hombre? No he encontrado en él ningún motivo para la pena de muerte. Por lo tanto, lo castigaré y luego lo liberaré".

Pero con gritos fuertes exigieron insistentemente que fuera crucificado, y sus gritos prevalecieron. Entonces Pilato decidió otorgar su demanda.

Lucas 19: 37-38; 23: 20-24

_____

_____

_____

_____

_____

_____

Siendo bendecido

~ EL ECLIPSE DEFINITIVO ~

ERA CERCA DEL mediodía, y la oscuridad cubrió toda la tierra hasta las tres de la tarde, porque el sol dejó de brillar. Y la cortina del templo se rasgó en dos. Jesús llamó en voz alta: "Padre, en tus manos encomiendo mi espíritu". Cuando dijo esto, respiró por última vez.

Lucas 23: 44-46

_____

_____

_____

_____

_____

_____

_____

_____

_____

_____

Siendo bendecido

~ EL SILENCIO ES DORADO ~

¿CONOCES LAS LLAGAS *que Cristo en su inocencia recibió en nuestro nombre? ¿Eres consciente de la humillación que sufrió o la burla y la blasfemia que sufrió? El dolor físico que sufrió Su cuerpo cuando fue golpeado, roto y perforado por nuestras transgresiones fue más de lo que cualquier hombre humano podría tolerar.*

Mirando hacia atrás sobre tu vida y todo lo que Dios te ha traído; Si lloras por tus pecados, no llores como si no hubiera esperanza. Arrepiéntete y cree en Dios por otro día. Otra oportunidad para vivir una vida digna del sacrificio de Cristo.

Disfruta de un momento tranquilo, solo tú y Dios.

_____

_____

_____

_____

_____

_____

_____

_____

_____

Siendo bendecido

~ ¡VIVE! ~

JESÚS HABLÓ A sus discípulos y dijo:

Esto es lo que está escrito: el Mesías sufrirá y resucitará de los muertos al tercer día, y el arrepentimiento por el perdón de los pecados se predicará en su nombre a todas las naciones, comenzando en Jerusalén.

Ustedes son testigos de estas cosas. Voy a enviarte lo que mi Padre ha prometido; pero quédese en la ciudad hasta que haya sido vestido con poder de lo alto. Cuando los llevó a la vecindad de Betania, levantó las manos y los bendijo.

Mientras los bendecía, los dejó y fue llevado al cielo.

Lucas 24: 46-51

_____

_____

_____

_____

_____

_____

_____

Siendo bendecido

~ SIEMPRE SUCEDE ALGO ~

¿ALGUNA VEZ TE has sentido abrumado por las necesidades de los demás?

Jesús siempre estaba en movimiento. A donde quiera que iba, alguien tenía necesidad. No te canses de hacer el bien. Jesús fue un ayudante ... por multitudes.

Ese mismo día, Jesús salió de la casa y se sentó junto al lago. Las multitudes tan grandes se reunieron alrededor de él que se metió en un bote y se sentó en él, mientras toda la gente estaba parada en la orilla. Luego les contó muchas cosas en parábolas.

Luego dejó a la arabola y entró en la casa. Sus discípulos se le acercaron y le dijeron: "Explícanos la arabola de las malas hierbas en el campo".

Mateo 13: 1-3a; 36

_____

_____

_____

_____

_____

_____

_____

Siendo bendecido

~ ESTIRAR PARA EL ÉXITO! ~

JUSTO CUANDO SIMÓN se había rendido, Jesús se detuvo. Tomando prestado su bote, Jesús dio instrucciones para el éxito. Quizás Jesús se detenga para darte algunas instrucciones hoy. Retira tus "redes". Sal de aguas poco profundas. Tener fe. Lanzarse a las profundidades.

Cuando terminó de hablar, le dijo a Simon: "Sal a las aguas profundas y suelta las redes para pescar". Simon respondió: "Maestro, hemos trabajado duro toda la noche y no hemos atrapado nada. Pero como tú lo dices, voy a dejar caer las redes.

Cuando lo hicieron, capturaron una cantidad tan grande de peces que sus redes comenzaron a romperse.

Lucas 5: 4-6

_____

_____

_____

_____

_____

_____

_____

Siendo bendecido

~ ALGUNAS ESPINAS NECESITAN QUEDARSE ~

NO INTENTES TIRAR de cada espina. Sigue presionando hacia adelante. Cristo ya sabe cuántas espinas tienes, dónde están y exactamente cuántas molestias podrías sentir.

Incluso si decidiera alardear, no sería tonto, porque estaría diciendo la verdad. Pero me abstengo, por lo que nadie pensará más en mí de lo que se justifica por lo que hago o digo, o por estas revelaciones increíblemente grandes.

Por lo tanto, para evitar que me engreyera, me dieron una espina en mi carne, un mensajero de Satanás, para atormentarme. Tres veces le supliqué al Señor que me lo quitara. Pero él me dijo: "Mi gracia es suficiente para ti, porque mi poder se perfecciona en la debilidad".

Por lo tanto, me jactaré más alegremente de mis debilidades, para que el poder de Cristo descanse sobre mí.

2 Corintios 12: 6-9

Siendo bendecido

~ ERES BENDITO ~

MIENTRAS JESÚS RECORRÍA Judea sanando y bendiciendo,

Y todas las personas trataron de tocarlo, porque el poder venía de él y los curaba a todos. Mirando a sus discípulos, dijo: "Bienaventurados los pobres, porque de ustedes es el reino de Dios. Bienaventurados los que tienen hambre ahora, porque estarán satisfechos. Bienaventurados los que lloran ahora, porque te reirás. Bendito seas cuando la gente te odia, cuando te excluyen y te insultan y rechazan tu nombre como malvado, por el Hijo del Hombre. Alégrate en ese día y salta de alegría, porque grande es tu recompensa en el cielo. Porque así es como sus antepasados trataron a los profetas".

Lucas 6: 19-23

_____

_____

_____

_____

_____

_____

_____

_____

Siendo bendecido

~ ¿A QUIÉN BUSCAS? ~

JESÚS SIEMPRE ESTABA en movimiento. Incluso hoy, la gente todavía lo está buscando...

Cuando lo encontraron al otro lado del lago, le preguntaron: "Rabino, ¿cuándo llegaste aquí?" Jesús respondió: "De verdad te digo que me estás buscando, no porque viste las señales que realicé sino porque comiste los panes y te saciaste.

No trabajes por comida que se echa a perder, sino por comida que perdura hasta la vida eterna, que el Hijo del Hombre te dará. Porque sobre él Dios el Padre ha puesto su sello de aprobación. Luego le preguntaron: "¿Qué debemos hacer para hacer las obras que Dios requiere?"

Jesús respondió: "La obra de Dios es esta: creer en el que él ha enviado". Porque el pan de Dios es el pan que baja del cielo y da vida al mundo".

Juan 6: 25-29; 33

Siendo bendecido

~ ÉL DESEA TU PRESENCIA ~

PADRE, QUIERO QUE *los que me has dado estén conmigo donde estoy, y que vean mi gloria, la gloria que me has dado porque me amaste antes de la creación del mundo.*

"Padre justo, aunque el mundo no te conoce, yo te conozco y ellos saben que me has enviado. Te he dado a conocer a ellos y continuaré haciéndote conocer para que el amor que me tienes pueda estar en ellos y que yo mismo pueda estar en ellos. Juan 17: 24-26

_____

_____

_____

_____

_____

_____

_____

_____

_____

_____

Siendo bendecido

~ SOS ~

No SIEMPRE ES fácil "mantener la fe". Si te encuentras necesitando un poco de fuerza, te garantizo que si le pides a Jesús que te ayude, lo hará.

Entonces lo trajeron. Cuando el espíritu vio a Jesús, inmediatamente arrojó al niño a una convulsión. Cayó al suelo y rodó, haciendo espuma por la boca.

Jesús le preguntó al padre del niño: "¿Cuánto tiempo ha estado así?" "Desde la infancia", respondió. "A menudo lo ha arrojado al fuego o al agua para matarlo. Pero si puedes hacer algo, ten piedad de nosotros y ayúdanos".

"¿Si puedes?" dijo Jesús "Todo es posible para quien cree".

Inmediatamente el padre del niño exclamó: "Sí creo; ¡Ayúdame a vencer mi incredulidad!

Marcos 9: 20-24

_____

_____

_____

_____

_____

Siendo bendecido

~ CUENTA HASTA DIEZ ~

MIS QUERIDOS HERMANOS y hermanas, tomen nota de esto: todos deben ser rápidos para escuchar, lentos para hablar y lentos para enojarse, porque la ira humana no produce la justicia que Dios desea".

Santiago 1: 19-20

Siendo bendecido

~ ¿LO HAS VISTO? ~

"QUIEN TIENE MIS *mandamientos y los guarda es el que me ama. El que me ama será amado por mi Padre, y yo también los amaré y me mostraré a ellos".*

Entonces Judas (no Judas Iscariote) dijo: "Pero, Señor, ¿por qué tienes la intención de mostrarte a nosotros y no al mundo?"

Jesús respondió: "Cualquiera que me ame obedecerá mis enseñanzas. Mi padre los amará, y iremos a ellos y haremos nuestro hogar con ellos. Cualquiera que no me quiera no obedecerá mis enseñanzas. Estas palabras que oyes no son mías; pertenecen al Padre que me envió.

Todo esto lo he hablado mientras aún estaba contigo. Pero el Abogado, el Espíritu Santo, a quien el Padre enviará en mi nombre, le enseñará todas las cosas y le recordará todo lo que le he dicho".

Juan 14: 21-26

Siendo bendecido

~ BAJA TUS MARTILLOS ~

No juzgues, o tú también serás juzgado. Porque de la misma manera que juzgas a los demás, serás juzgado, y con la medida que uses, se te medirá a ti.

¿Por qué miras la mota de aserrín en el ojo de tu hermano y no le prestas atención a la tabla en tu propio ojo?

¿Cómo puedes decirle a tu hermano: «Déjame quitarte la mota» cuando todo el tiempo hay un tablón en tu propio ojo?

Hipócrita, primero saca la tabla de tu propio ojo, y luego verás claramente para quitar la mancha del ojo de tu hermano.

Mateo 7: 1-5

_____

_____

_____

_____

_____

_____

_____

_____

Siendo bendecido

~ LA INVITACIÓN ~

¿ORAS POR AQUELLOS que no conocen a Cristo mientras la invitación se extiende durante la adoración? ¿Estás ocupado chateando con otros? Seguramente no se está desplazando a través de su teléfono celular mientras alguien podría estar contemplando la mejor decisión de su vida.

Supongamos que uno de ustedes tiene cien ovejas y pierde una de ellas. ¿No deja el noventa y nueve en campo abierto y va tras la oveja perdida hasta que la encuentra? Y cuando lo encuentra, con alegría lo pone sobre sus hombros y se va a casa. Luego llama a sus amigos y vecinos y les dice: 'Alégrate conmigo; He encontrado mi oveja perdida ". Les digo que de la misma manera habrá más regocijo en el cielo por un pecador que se arrepiente que por noventa y nueve personas justas que no necesitan arrepentirse.

Lucas 15: 4-7

Siendo bendecido

~ RENUNCIAR A TODO POR CRISTO ~

La elección siempre es nuestra.

En ese momento, un hombre se acercó a Jesús y le preguntó: "Maestro, ¿qué bien debo hacer para obtener la vida eterna?"

"¿Por qué me preguntas acerca de lo que es bueno?" Jesús respondió "Solo hay uno que es bueno. Si quieres entrar en la vida, guarda los mandamientos ". "¿Cuáles?" el pregunto.

Jesús respondió: "'No matarás, no cometerás adulterio, no robarás, no darás falso testimonio, honrarás a tu padre y a tu madre' y 'amarás a tu prójimo como a ti mismo'". Todo esto lo he guardado ", Dijo el joven. "¿Qué me falta todavía?"

Jesús respondió: "Si quieres ser perfecto, ve, vende tus posesiones y dáselo a los pobres, y tendrás un tesoro en el cielo. Entonces ven, sígueme. Cuando el joven escuchó esto, se fue triste porque tenía una gran riqueza.

Mateo 19: 16-22

Siendo bendecido

29 DE ABRIL

~ TENEMOS TRABAJO QUE HACER ~

ENTONCES JESÚS VINO a ellos y les dijo: "Toda autoridad en el cielo y en la tierra me ha sido dada. Por lo tanto, ve y haz discípulos de todas las naciones, bautizándolos en el nombre del Padre y del Hijo y del Espíritu Santo, y enseñándoles a obedecer todo lo que te he mandado.

Y seguramente estoy contigo siempre, hasta el final de la era.
Mateo 28: 18-20

_____

_____

_____

_____

_____

_____

_____

_____

_____

_____

Siendo bendecido

SEÑALES Y MARAVILLAS ~

~ SEÑALES Y MARAVILLAS ~

ÉL LES DIJO: "Id por todo el mundo y predicad el evangelio a toda la creación. Quien crea y sea bautizado será salvo, pero quien no crea será condenado. Y estas señales acompañarán a los que creen: en mi nombre echarán fuera demonios; hablarán en nuevas lenguas; recogerán serpientes con sus manos; y cuando beben veneno mortal, no les hará daño en absoluto; pondrán sus manos sobre las personas enfermas y se mejorarán«.

Después de que el Señor Jesús les habló, fue llevado al cielo y se sentó a la diestra de Dios. Entonces los discípulos salieron y predicaron en todas partes, y el Señor trabajó con ellos y confirmó su palabra con las señales que la acompañaban.
Marcos 16: 15-20

Siendo bendecido

Mayo

Un mes de cumplimiento

¡Mayor IS vienc!

~ PASO A PASO ~

PABLO ESCRIBIÓ LAS palabras de Gálatas aún beneficiosas para ayudarnos en nuestra vida diaria.

Ustedes, mis hermanos y hermanas, fueron llamados a ser libres. Pero no uses tu libertad para consentir la carne; más bien, sirvanse unos a otros humildemente en el amor. Porque toda la ley se cumple al cumplir este único mandato: "Ama a tu prójimo como a ti mismo". Si te muerdes y te devoras, ten cuidado o serás destruido el uno por el otro.

Entonces digo, camina por el Espíritu, y no satisfarás los deseos de la carne. Porque la carne desea lo que es contrario al Espíritu, y el Espíritu lo que es contrario a la carne. Están en conflicto entre sí, por lo que no debes hacer lo que quieras.

Gálatas 5: 13-17

Siendo bendecido

~ ¡En tu marca!
¡Prepárate! Crecer! ~

Siempre debemos agradecer *a Dios por ustedes, hermanos y hermanas, y con razón, porque su fe está creciendo cada vez más, y el amor que todos tienen el uno por el otro está aumentando.*

Con esto en mente, oramos constantemente por ti, para que nuestro Dios Mayo te haga digno de su llamado, y que por su poder pueda hacer realidad todos tus deseos de bondad y todos tus actos motivados por la fe.

Oramos para que el nombre de nuestro Señor Jesús Mayo sea glorificado en ti, y tú en él, de acuerdo con la gracia de nuestro Dios y el Señor Jesucristo. Crece más y más, y el amor que todos ustedes tienen el uno por el otro está aumentando.
II Tesalonicenses 1: 3; 11-12

_____

_____

_____

_____

_____

_____

_____

Siendo bendecido

~ TODOS PARA UNO Y UNO PARA TODOS ~

SI REALMENTE MANTIENE la ley real que se encuentra en las Escrituras, "Ama a tu prójimo como a ti mismo", estás haciendo lo correcto. Pero si muestras favoritismo, pecas y eres condenado por la ley como infractor de la ley. Porque quien guarda toda la ley y, sin embargo, tropieza en un solo punto, es culpable de violarla. Porque el que dijo: "No cometerás adulterio", también dijo: "No matarás". Si no cometes adulterio pero cometes asesinato, te has convertido en un infractor de la ley.

Habla y actúa como aquellos que van a ser juzgados por la ley que da libertad, porque el juicio sin piedad se mostrará a cualquiera que no haya sido misericordioso. La misericordia triunfa sobre el juicio.

Santiago 2: 8-12

Siendo bendecido

~ CONTENTO ~

SI ALGUIEN ENSEÑA lo contrario y no está de acuerdo con las sólidas instrucciones de nuestro Señor Jesucristo y con la enseñanza piadosa, están engreídos y no entienden nada. Tienen un interés malsano en las controversias y disputas sobre palabras que resultan en envidia, contienda, conversaciones maliciosas, sospechas malvadas y fricciones constantes entre personas de mente corrupta, a quienes se les ha robado la verdad y quienes piensan que la piedad es un medio para obtener ganancias financieras.

Pero la piedad con satisfacción es una gran ganancia. Porque no trajimos nada al mundo, y no podemos sacar nada de él. Pero si tenemos comida y ropa, nos contentaremos con eso. Aquellos que quieren hacerse ricos caen en la tentación y en una trampa y en muchos deseos tontos y dañinos que sumergen a las personas en la ruina y la destrucción.

Porque el amor al dinero es una raíz de todo tipo de maldad. Algunas personas, ansiosas de dinero, se han alejado de la fe y se han perforado con muchas penas.

1 Timoteo 6: 3-10

———————————————————————

———————————————————————

———————————————————————

———————————————————————

Siendo bendecido

~ ¡DEFIENDE A JESÚS! ~

POR LO TANTO, *dado que hemos sido justificados por la fe, tenemos paz con Dios a través de nuestro Señor Jesucristo, a través del cual hemos obtenido acceso por fe a esta gracia en la que ahora nos encontramos. Y nos jactamos de la esperanza de la gloria de Dios. No solo eso, sino que también nos gloriamos en nuestros sufrimientos, porque sabemos que el sufrimiento produce perseverancia; perseverancia, carácter; y carácter, esperanza. Y la esperanza no nos avergüenza, porque el amor de Dios ha sido derramado en nuestros corazones a través del Espíritu Santo, que nos ha sido dado.*

Verán, en el momento justo, cuando aún éramos impotentes, Cristo murió por los impíos. Muy raramente alguien morirá por una persona justa, aunque por una buena persona alguien podría atreverse a morir. Pero Dios demuestra su propio amor por nosotros en esto: mientras aún éramos pecadores, Cristo murió por nosotros. Romanos 5: 1-8

_____

_____

_____

_____

_____

_____

Siendo bendecido

~ GRACIA-LLENA ~

AL PRINCIPIO ERA la Palabra, y la Palabra estaba con Dios, y la Palabra era Dios. Estaba con Dios en el principio. A través de él todas las cosas fueron hechas; sin él no se hizo nada que se haya hecho. En él estaba la vida, y esa vida era la luz de toda la humanidad.

La Palabra se hizo carne y habitó entre nosotros. Hemos visto su gloria, la gloria del único Hijo, que vino del Padre, lleno de gracia y verdad.

Juan 1: 1-4; 14

_____

_____

_____

_____

_____

_____

_____

_____

_____

_____

Siendo bendecido

~ CINTAS Y LAZOS ~

ORO PARA QUE este día esté lleno de la alegría de Dios y las bendiciones más selectas.

Todo don bueno y perfecto es de arriba, bajando del Padre de las luces celestiales, que no cambia como sombras cambiantes. Él eligió darnos a luz a través de la palabra de verdad para que pudiéramos ser una especie de primicias de todo lo que él creó.

Santiago 1:17 y 18

_____

_____

_____

_____

_____

_____

_____

_____

_____

_____

Siendo bendecido

~ EDUCACIÓN CELESTIAL ~

"LA TIERRA ESTÁ llena de tu amor, Señor; enséñame tus decretos.

Haz bien a tu siervo conforme a tu palabra, SEÑOR.

Enséñame conocimiento y buen juicio, porque confío en tus mandamientos. Salmo 119: 64-66

_____

_____

_____

_____

_____

_____

_____

_____

_____

_____

_____

_____

Siendo bendecido

~ Un buen tipo de miedo ~

Que la gloria del Señor brille sobre ti.

El Señor sostiene a todos los que caen y levanta a todos los que se inclinan. Los ojos de todos te miran y les das su comida en el momento adecuado. Abres tu mano y satisfaces los deseos de cada ser vivo.

El Señor es justo en todos sus caminos y fiel en todo lo que hace. El Señor está cerca de todos los que lo invocan, de todos los que lo invocan en verdad. Él cumple los deseos de quienes le temen; él escucha su grito y los salva. El SEÑOR cuida a todos los que lo aman, pero destruirá a todos los impíos.

Salmo 145: 14-20

_____

_____

_____

_____

_____

_____

_____

_____

Siendo bendecido

~ No importa el clima ~

Si las nubes están llenas de agua, vierten lluvia sobre la tierra. Ya sea que un árbol caiga hacia el sur o hacia el norte, en el lugar donde cae, allí descansará.

El que vigila el viento no plantará; el que mira las nubes no cosechará.

Como no conoce el camino del viento, o cómo se forma el cuerpo en el útero de una madre, no puede entender la obra de Dios, el Creador de todas las cosas.

Eclesiastés 11: 3-5

_____

_____

_____

_____

_____

_____

_____

_____

Siendo bendecido

~ ENTRE AMIGOS ~

Mayo, el Dios de la esperanza, te llena de alegría y paz mientras confías en él, de modo que tú, Mayo, rebosa de esperanza por el poder del Espíritu Santo.

Yo mismo estoy convencido, mis hermanos y hermanas, de que ustedes mismos están llenos de bondad, llenos de conocimiento y competentes para instruirse mutuamente.

Romanos 15: 13-14

Siendo bendecido

~ ¡NO TE DEJES ENGAÑAR! ~

TE DIGO ESTO para que nadie te engañe con argumentos que suenen bien. Aunque estoy ausente de ti en cuerpo, estoy presente contigo en espíritu y deleite para ver cuán disciplinado eres y cuán firme es tu fe en Cristo. Entonces, así como recibió a Cristo Jesús como Señor, continúe viviendo sus vidas en él, arraigado y edificado en él, fortalecido en la fe como le enseñaron, y rebosando de agradecimiento.

Asegúrate de que nadie te lleve cautivo a través de una filosofía hueca y engañosa, que depende de la tradición humana y las fuerzas espirituales elementales de este mundo en lugar de Cristo.

Porque en Cristo toda la plenitud de la Deidad vive en forma corporal, y en Cristo has sido llevado a la plenitud. Él es la cabeza sobre todo poder y autoridad.

Colosenses 2: 4-10

Siendo bendecido

~ No puedes cambiar la mente de Dios ~

Balaam y Balak tenían un problema: uno quería ver a otros maldecidos o castigados, el otro tenía el deber de entregar una palabra de Dios.

Independientemente de cómo nos sintamos o de lo que pensamos que nos gustaría que les suceda a los demás, Dios es soberano y no hay nada que podamos hacer al opinion.

Levántate, Balac, y escucha; escúchame, hijo de Zippor. Dios no es humano, que debe mentir, no es un ser humano, que debe cambiar de opinion.

¿Habla y no actúa? ¿Promete y no cumple? He recibido una orden de bendecir; él ha bendecido y no puedo cambiarlo.
Daniel 3: 18b-20

Siendo bendecido

~ ¡ES UN GUARDIÁN DE PROMESAS! ~

PERO TAN SEGURAMENTE *como Dios es fiel, nuestro mensaje para usted no es "Sí" y "No". Para el Hijo de Dios, Jesucristo, quien fue predicado entre ustedes por nosotros, por mí y por Silas y Timothy, no fue "Sí" y "No", pero en él siempre ha sido "Sí".*

Porque no importa cuántas promesas haya hecho Dios, son "Sí" en Cristo. Y así, a través de él, el "Amén" es pronunciado por nosotros para la gloria de Dios. Ahora es Dios quien nos hace a nosotros y a ustedes firmes en Cristo. Nos ungió, puso su sello de propiedad sobre nosotros y puso su Espíritu en nuestros corazones como depósito, garantizando lo que está por venir.

2 Corintios 1: 18-22

_____

_____

_____

_____

_____

_____

_____

_____

Siendo bendecido

~ LEY VS. NUESTRO SEÑOR ~

SIN EMBARGO, UN mediador implica más de una parte; Pero Dios es uno. ¿La ley, por lo tanto, se opone a las promesas de Dios? ¡Absolutamente no!

Porque si se hubiera dado una ley que pudiera impartir vida, entonces la justicia ciertamente habría venido por la ley. Pero la Escritura ha encerrado todo bajo el control del pecado, de modo que lo que se prometió, dado por la fe en Jesucristo, podría darse a los que creen.

Gálatas 3: 20-22

_____

_____

_____

_____

_____

_____

_____

_____

_____

_____

Siendo bendecido

~ Consíguelo TODO ~

COMO PABLO LES dijo a los corintios, les digo:

Gracia y paz a vosotros, de Dios nuestro Padre y del Señor Jesucristo. Doy gracias a Dios siempre en tu nombre, por la gracia de Dios que te ha dado Jesucristo;

Que en cada cosa os ha enriquecido, en todo enunciado y en todo conocimiento;

Así como el testimonio de Cristo fue confirmado en ustedes: para que no se queden atrás en ningún don; esperando la venida de nuestro Señor Jesucristo:

¿Quién también te confirmará hasta el final, que vosotros seáis irreprensibles en el día de nuestro Señor Jesucristo?

1 Corintios 1: 3-8

_____

_____

_____

_____

_____

_____

_____

Siendo bendecido

~ ¿A QUÉ TE AFERRAS? ~

AGARRE RÁPIDAMENTE LAS instrucciones; no la dejes ir: mantenla; porque ella es tu vida.

No entres en el camino de los impíos, y no te metas en el camino de los malvados.

Evítalo, no pases por él, apártate de él y pasa.

Porque no duermen, except que han hecho travesuras; y les quitan el sueño, a menos que hagan que algunos se caigan.

Proverbios 4: 13-16

_____

_____

_____

_____

_____

_____

_____

_____

_____

Siendo bendecido

~ SIEMPRE LO MISMO ~

ORO PARA QUE el Señor se haya manifestado a ti de maneras maravillosas y poderosas mientras lo has estado buscando diariamente.

Nuestro Padre es amoroso y amable. Nunca debemos preocuparnos de que Él cambie de opinión o retroceda en Su palabra.

Yo, el SEÑOR, no cambio. Entonces ustedes, los descendientes de Jacob, no son destruidos.

Malaquías 3: 6

_____

_____

_____

_____

_____

_____

_____

_____

_____

Siendo bendecido

~ RESPONSABILIDAD ~

EL DESEO DE Dios para nuestra vida este mes se ha centrado en la realización. Tanto como Él tiene la responsabilidad de cumplir Su palabra, nosotros también tenemos la responsabilidad. Obedeciendo su palabra.

Sin embargo, debe enseñar lo que es apropiado para la sana doctrina. Enseñe a los hombres mayores a ser templados, dignos de respeto, autocontrolados y sanos en la fe, en el amor y en la resistencia.

Del mismo modo, enseñe a las mujeres mayores a ser reverentes en su forma de vida, no a ser calumniadoras o adictas a mucho vino, sino a enseñar lo que es bueno. Luego pueden instar a las mujeres más jóvenes a que amen a sus esposos e hijos, a que se controlen a sí mismas y sean puras, que estén ocupadas en casa, que sean amables y que estén sujetas a sus esposos, para que nadie difame la palabra de Dios.

Del mismo modo, aliente a los jóvenes a controlarse a sí mismos. En todo, dales un ejemplo haciendo lo que es bueno. En su enseñanza demuestre integridad, seriedad y solidez del discurso que no se puede condenar, de modo que aquellos que se oponen a Mayo se avergüencen porque no tienen nada malo que decir sobre nosotros. Tito 2: 1-8

Siendo bendecido

~ ¿ESTÁS VESTIDO PARA LA BATALLA? ~

LA PALABRA DE Dios dice que hará de nuestros enemigos nuestro estrado, sin embargo, Dios espera que estemos preparados para la batalla. Él no hace todo el trabajo.

Finalmente, sé fuerte en el Señor y en su poderoso poder. Ponte la armadura completa de Dios, para que puedas mantenerte en pie contra los planes del diablo. Porque nuestra lucha no es contra carne y hueso, sino contra los gobernantes, contra las autoridades, contra los poderes de este mundo oscuro y contra las fuerzas espirituales del mal en los reinos celestiales.

Efesios 6: 10-12

_____

_____

_____

_____

_____

_____

_____

_____

_____

Siendo bendecido

~ MANTENGA LA LUZ ENCENDIDA ~

PARA DIOS, QUIEN dijo: *"Deje que la luz brille de la oscuridad", hizo que su luz brille en nuestros corazones para darnos la luz del conocimiento de la gloria de Dios que se muestra en el rostro de Cristo.*

Pero tenemos este tesoro en tinajas de barro para mostrar que este poder que todo lo supera es de Dios y no de nosotros. Estamos presionados por todos lados, pero no aplastados; perplejo, pero no desesperado; perseguido, pero no abandonado; derribado, pero no destruido.

Siempre llevamos en nuestro cuerpo la muerte de Jesús, para que la vida de Jesús Mayo también se revele en nuestro cuerpo. 2 Corintios 4: 6-10

Siendo bendecido

~ ¿QUÉ TANTO LO QUIERES? ~

¿SE PREGUNTÓ SI escribir este devocional diario era un sacrificio? Se ha dicho que leerlo ha sido sacrificial, pero beneficioso. Independientemente de cualquiera de las respuestas, no hubo mayor sacrificio que el de Jesucristo para que pudiéramos recibir la vida eterna.

Pero cualesquiera que fueran las ganancias para mí, ahora considero la pérdida por el bien de Cristo. Lo que es más, considero que todo es una pérdida debido al valor superior de conocer a Cristo Jesús, mi Señor, por cuyo bien he perdido todas las cosas. Los considero basura, que puedo ganar a Cristo y ser encontrado en él, no teniendo una justicia propia que viene de la ley, sino aquello que es a través de la fe en Cristo, la justicia que viene de Dios sobre la base de la fe.

Quiero conocer a Cristo, sí, conocer el poder de su resurrección y participación en sus sufrimientos, llegar a ser como él en su muerte, y así, de alguna manera, lograr la resurrección de entre los muertos.

Filipenses 3: 7-11

_____

_____

_____

_____

Siendo bendecido

~ No espere una señal para "acertar" ~

Los fariseos y saduceos vinieron a Jesús y lo probaron pidiéndole que les mostrara una señal del cielo. Él respondió: "Cuando llega la noche, dices:" Habrá buen tiempo, porque el cielo está rojo ", y por la mañana,

"Hoy habrá tormenta, porque el cielo está rojo y nublado". Sabes cómo interpretar la apariencia del cielo, pero no puedes interpretar los signos de los tiempos.

Una generación malvada y adúltera busca una señal, pero ninguna se la dará excepto la señal de Jonás". Entonces Jesús los dejó y se fue. Mateo 16: 1-4

_____

_____

_____

_____

_____

_____

_____

_____

Siendo bendecido

~ SEPA CON QUIÉN ESTÁ HABLANDO ~

QUERIDOS AMIGOS, NO crean en todos los espíritus, pero pruébenlos para ver si son de Dios, porque muchos falsos profetas han salido al mundo. Así es como puedes reconocer el Espíritu de Dios: cada espíritu que reconoce que Jesucristo ha venido en la carne es de Dios, pero cada espíritu que no reconoce a Jesús no es de Dios. Este es el espíritu del anticristo, que has escuchado que viene e incluso ahora ya está en el mundo.

Ustedes, queridos hijos, son de Dios y los han vencido, porque el que está en ustedes es más grande que el que está en el mundo. Son del mundo y, por lo tanto, hablan desde el punto de vista del mundo, y el mundo los escucha. Somos de Dios, y quien conoce a Dios nos escucha; pero quien no es de Dios no nos escucha. Así es como reconocemos el Espíritu de verdad y el espíritu de mentira.

1 Juan 4: 1-6

_____

_____

_____

_____

_____

_____

_____

Siendo bendecido

~ SERVICIO ~

SI HA PERDIDO a un ser querido o conoce a alguien que lo ha perdido debido a su sacrificio y servicio por nuestro país, la más profunda compasión de Cristo se extiende a usted. Comparta la misma compasión con otros que pueden estar de luto.

Así es como sabemos lo que es el amor: Jesucristo dio su vida por nosotros. Y debemos dar nuestras vidas por nuestros hermanos y hermanas. Si alguien tiene posesiones materiales y ve a un hermano o hermana necesitado pero no tiene piedad de ellos, ¿cómo puede ser el amor de Dios en esa persona?

1 Juan 3: 16-17

Siendo bendecido

~ PERDÓN SUPREMO ~

ES MUY FÁCIL cometer un error. Debemos recordar que solo somos humanos y Cristo ha venido para que podamos recibir perdón por nuestros pecados, si nos arrepentimos.

El SEÑOR es compasivo y amable, lento para la ira, abundante en amor. No siempre acusará, ni albergará su ira para siempre; Él no nos trata como nuestros pecados merecen ni nos pagan de acuerdo con nuestras iniquidades. Porque tan alto como los cielos están sobre la tierra, tan grande es su amor por los que le temen; tan lejos como el este está del oeste, hasta ahora ha quitado nuestras transgresiones de nosotros.

Como el padre tiene compasión de sus hijos, así el SEÑOR tiene compasión de los que le temen; porque él sabe cómo estamos formados, recuerda que somos polvo.

Salmo 103: 8-14

Siendo bendecido

~ UNIFICADO POR CRISTO ~

UNA PERSONA CONSIDERA *un día más sagrado que otro; otro lo considera todos los días por igual. Cada uno de ellos debe estar completamente convencido en su propia mente.*

Quien considera un día como especial lo hace al Señor. Quien come carne lo hace al Señor, porque le da gracias a Dios; y quien se abstiene lo hace al Señor y le da gracias a Dios.

Porque ninguno de nosotros vive solo para nosotros, y ninguno de nosotros muere solo para nosotros. Si vivimos, vivimos para el Señor; y si morimos, morimos por el Señor. Entonces, si vivimos o morimos, pertenecemos al Señor.

Por esta misma razón, Cristo murió y volvió a la vida para poder ser el Señor tanto de los muertos como de los vivos.

Romanos 14: 5-9

_____

_____

_____

_____

_____

_____

_____

Siendo bendecido

~ PROMESA DE ACTUALIZACIÓN ~

SIRVEN EN UN santuario que es una copia y sombra de lo que está en el cielo. Es por eso que Moisés fue advertido cuando estaba a punto de construir el tabernáculo: "Procura que hagas todo de acuerdo con el patrón que se te muestra en la montaña".

Pero, de hecho, el ministerio que Jesús ha recibido es tan superior al de ellos como el pacto del cual él es mediador es superior al antiguo, ya que el nuevo pacto se establece con mejores promesas.

Porque si no hubiera habido nada malo con ese primer pacto, no se habría buscado lugar para otro.

Hebreos 8: 5-7

_____

_____

_____

_____

_____

_____

_____

_____

Siendo bendecido

~ SÍ O NO ~

NUEVAMENTE, HAS ESCUCHADO que se le dijo a la gente hace mucho tiempo: "No rompas tu juramento, sino cumple con el Señor los votos que has hecho".

Pero te digo que no hagas ningún juramento: ni por el cielo, porque es el trono de Dios; o por la tierra, porque es el estrado de sus pies; o por Jerusalén, porque es la ciudad del Gran Rey. Y no jures por tu cabeza, ya que no puedes hacer que un solo cabello sea blanco o negro.

Todo lo que necesita decir es simplemente "Sí" o "No"; cualquier cosa más allá de esto proviene del maligno.

Mateo 5: 33-37

_____

_____

_____

_____

_____

_____

_____

_____

Siendo bendecido

~ LO DEBES ~

DÉ A TODOS lo que les debe: si debe impuestos, pague impuestos; si ingresos, entonces ingresos; si respeto, entonces respeto; si es honor, entonces honor.

Que ninguna deuda permanezca pendiente, omman la deuda continua de amarse unos a otros, porque quien ama a los demás ha cumplido la ley. Los mandamientos, "No cometerás adulterio", "No matarás", "No robarás", "No codiciarás", y cualquier otro commando que haya Mayo, se resumen en este único commando: "Amor tu vecino como a ti mismo".

Romanos 13: 7-9

Siendo bendecido

~ No siempre se trata de ti ~

PAUL FUE UN gran animador. Continuamente parecía saber qué decir en cualquier momento. Sus palabras fueron tan prolíficas como lo son hoy:

Por lo tanto, mis queridos amigos, como siempre han obedecido, no solo en mi presencia, sino ahora mucho más en mi ausencia, continúen obrando su salvación con temor y temblor, porque es Dios quien trabaja en ustedes para querer y actuar. para cumplir su buen propósito.

Haga todo sin refunfuñar ni discutir, para que pueda convertirse en puro y sin culpa, "hijos de Dios sin culpa en una generación torcida y torcida". Entonces brillarás entre ellos como estrellas en el cielo mientras te aferras firmemente a la palabra de vida. Y entonces podré jactarme en el día de Cristo de que no corrí ni trabajé en vano.

Filipenses 2: 12-16

_____

_____

_____

_____

_____

_____

Siendo bendecido

Junio

Las reflexiones de este mes se centran y fomentan la siembra. ¿Qué significa "sembrar"?

Sembrar significa plantar una semilla; presentar una idea; esparce algo espeso; dispersarse en el extranjero. Como cristianos debemos sembrarnos en la vida del otro.

¿Qué sembrarás para los demás?

~ Siembra para el éxito ~

EL AÑO SE ha ido casi a la mitad. Que te enriquezcas mientras te maravillas con la bendición de sembrar.

Recuerde esto: el que siembra con moderación también cosechará con moderación, y el que siembra generosamente también cosechará generosamente.

2 Corintios 9: 6

Siendo bendecido

~ ¿QUÉ HAY EN TU MANO? ~

HAY UN VIEJO adagio: "lo que va, viene". Lo que realmente significa esta declaración cuando se aplica espiritualmente es:

No te dejes engañar: Dios no puede ser burlado. Cada uno cosecha lo que siembra. Quien siembra para complacer su carne, de la carne segará destrucción; quien siembra para agradar al Espíritu, del Espíritu segará la vida eterna. No nos cansemos de hacer el bien, porque en el momento adecuado cosecharemos una cosecha si no nos rendimos.

Gálatas 6: 7-9

Siendo bendecido

~ Siembra en la vida de tu pastor / ministro ~

Muchos debaten si los pastores o ministros deben ser compensados por su servicio a la iglesia y cuánto si es así. Por supuesto, el tipo de compensaciones varía según la iglesia, sin embargo,

¿No sabes que los que sirven en el templo obtienen su comida del templo y que los que sirven en el altar comparten lo que se ofrece en el altar? De la misma manera, el Señor ha ordenado que aquellos que predican el evangelio *reciban su vida del evangelio.*

1 Corintios 9: 13-14

Siendo bendecido

~ LLORAR ES BUENO PARA TI ~

AL ATRAVESAR LAS tormentas de la vida, puede que te encuentres llorando. Incluso podríamos llorar cuando la vida es buena. Hombre o mujer, está bien llorar.

Los que siembran con lágrimas cosecharán canciones de alegría. Aquellos que salen llorando, llevando semillas para sembrar, regresarán con canciones de alegría, llevando gavillas con ellos.
Salmo 126: 5-6

_____

_____

_____

_____

_____

_____

_____

_____

_____

_____

Siendo bendecido

~ ¡NO TE PREOCUPES! ~

NADIE PUEDE SERVIR *a dos maestros. O odiarás a uno y amarás al otro, o te dedicarás a uno y despreciarás al otro. No puedes servir a Dios y al dinero.*

"Por lo tanto, te digo, no te preocupes por tu vida, lo que comerás o beberás; o sobre tu cuerpo, lo que llevarás puesto. ¿No es la vida más que la comida y el cuerpo más que la ropa? Mira las aves del aire; no siembran ni cosechan ni almacenan en graneros, y sin embargo su Padre celestial los alimenta. ¿No eres mucho más valioso que ellos?

Mateo 6: 24-26

_____

_____

_____

_____

_____

_____

_____

_____

_____

Siendo bendecido

~ UNA SOLICITUD RAZONABLE ~

"Ven ahora, arreglemos el asunto", dice el Señor. Aunque tus pecados son como escarlata, serán tan blancos como la nieve; aunque sean rojos como el carmesí, serán como la lana. Si estás dispuesto y obediente, comerás las cosas buenas de la tierra; pero si te resistes y te rebelas, serás devorado por la espada. Porque la boca de Jehová ha hablado.

Isaías 1: 18-20

_____

_____

_____

_____

_____

_____

_____

_____

_____

_____

_____

Siendo bendecido

~ ¿QUÉ TAN FUERTE ERES? ~

Si vacilas en un momento de problemas, ¡qué pequeña es tu fuerza! Rescata a los que te llevan a la muerte; frena a los que se tambalean hacia la matanza. Si dices: "Pero no sabíamos nada de esto", ¿no lo percibe el que pesa el corazón? ¿No lo sabe el que guarda tu vida? ¿No pagará a todos de acuerdo con lo que han hecho?

Come miel, hijo mío, porque es bueno; la miel del panal es dulce a tu gusto. Sepa también que la sabiduría es como la miel para usted: si la encuentra, hay una esperanza futura para usted, y su esperanza no se cortará.

Proverbios 24: 10-14

Siendo bendecido

~ SIEMBRA DE ALABANZA ~

USAS TU BOCA para el mal y usas tu lengua para engañar. Te sientas y testificas contra tu hermano y calumnias al hijo de tu propia madre. Cuando hiciste estas cosas y me quedé callado, pensaste que era exactamente como tú. Pero ahora lo comparto y presento mis acusaciones ante usted.

Considera esto, tú que olvidas a Dios, o te haré pedazos, sin nadie para rescatarte: los que sacrifican las ofrendas de agradecimiento me honran, y a los inocentes les mostraré mi salvación.

Salmo 50: 19-23

_____

_____

_____

_____

_____

_____

_____

_____

_____

Siendo bendecido

~ ¡GUARDA TU ROPA! ~

CONFÍO EN QUE su día fluirá con paz y alegría mientras viajamos a través de este mundo de incertidumbres. Sabemos que seguramente llegará un día en que toda la tierra temblará y los cielos temblarán.

Jehová truena a la cabeza de su ejército; Sus fuerzas son innumerables, y poderoso es el ejército que obedece su orden. El día de Jehová es grande; es espantoso ¿Quién puede soportarlo?

Incluso ahora, declara el SEÑOR, "vuelve a mí con todo tu corazón, con ayuno, llanto y luto".

Desgarra tu corazón y no tus prendas. Regresa al SEÑOR tu Dios, porque él es amable y compasivo, lento para la ira y abundante en amor, y se libera de enviar calamidades.

Joel 2: 12-13

_____

_____

_____

_____

_____

_____

_____

Siendo bendecido

~ PIES DE JUSTICIA ~

BIENAVENTURADO EL QUE no camina al paso de los impíos ni se interpone en el camino que los pecadores toman o se sientan en compañía de burladores, pero cuyo deleite está en la ley del Señor, y que medita en su ley día y noche.

Esa persona es como un árbol plantado por chorros de agua, que produce su fruto en la estación y cuya hoja no se marchita, lo que sea que haga prospere.

Salmo 1: 1-3

_____

_____

_____

_____

_____

_____

_____

_____

_____

_____

Siendo bendecido

~ Fe de microondas ~

UNA COSA SOBRE la fe es que siempre debemos anticipar la necesidad de ella; y constantemente poder acceder a él! Uno nunca puede saber cuándo será probado ... ¡INMEDIATAMENTE!

Ahora la fe es confianza en lo que esperamos y seguridad sobre lo que no vemos. Esto es por lo que se elogió a los antiguos.

Por fe entendemos que el universo se formó por orden de Dios, de modo que lo que se ve no está hecho de lo que es visible".

Hebreos 11: 1-3

_____

_____

_____

_____

_____

_____

_____

_____

_____

Siendo bendecido

~ SEMILLAS DE BONDAD SILENCIOSAS ~

TENGA CUIDADO DE *no practicar su justicia frente a otros para que sean vistos por ellos. Si lo haces, no tendrás recompensa de tu Padre en el cielo.*

Entonces, cuando le das a los necesitados, no lo anuncies con trompetas, como lo hacen los hipócritas en las sinagogas y en las calles, para que otros lo honren. En verdad les digo que han recibido su recompensa en su totalidad. Pero cuando le das a los necesitados, no dejes que tu mano izquierda sepa lo que está haciendo tu mano derecha, para que puedas dar a Mayo en secreto. Entonces tu Padre, que ve lo que se hace en secreto, te recompensará.

Mateo 6: 1-4

_____

_____

_____

_____

_____

_____

_____

_____

Siendo bendecido

~ CADA ESTRELLA BRILLA ~

DIOS NOS HA enviado a todos como siervos para ayudar a obtener la perfección, proporcionándonos un papel de liderazgo dentro de Su Reino.

Entonces ya no seremos niños, sacudidos de un lado a otro por las olas, y arrastrados aquí y allá por cada viento de enseñanza y por la astucia y la astucia de las personas en sus intrigas engañosas.

En cambio, hablando la verdad en amor, creceremos para convertirnos en todos los aspectos en el cuerpo maduro del que es la cabeza, es decir, Cristo.

De él, todo el cuerpo, unido y mantenido unido por cada ligamento de soporte, crece y se desarrolla en el amor, a medida que cada parte hace su trabajo.

Efesios 4: 14-16

Siendo bendecido

~ ¿SEMILLAS GENERACIONALES DE DIOS O DEL MAL? ~

ES BUENO ESTAR vivo, ¿estás de acuerdo? A veces, Mayo sentimos que podemos manejar las consecuencias de nuestras acciones negativas en una fecha posterior. A menudo olvidamos que nuestras sanciones pueden imponerse a nuestros hijos y su semilla por generaciones.

¡Ay de la nación pecadora, un pueblo cuya culpa es grande, una prole de malhechores, niños dados a la corrupción! Han abandonado al SEÑOR; Han despreciado al Santo de Israel y le han dado la espalda.

¿Por qué deberías ser golpeado más? ¿Por qué persistes en la rebelión? Toda tu cabeza está herida, todo tu corazón afligido. Desde la planta del pie hasta la parte superior de la cabeza no hay solidez, solo heridas y ronchas y llagas abiertas, no se limpian, se vendan ni se calman con aceite de oliva.

Isaías 1: 4-6

¿Hay alguna maldición generacional en tu familia? La gente repetidamente toma la misma mala decisión; cometer las mismas acciones inapropiadas; nunca alcanzando el potencial de Dios? ¡Rompe los yugos de la esclavitud y el pecado sobre tu familia!

_____

_____

Siendo bendecido

15 DE JUNIO

~ ¿TIENES RAÍCES? ~

LUEGO LES CONTÓ *muchas cosas en parábolas, diciendo: Un granjero salió a sembrar su semilla. Mientras esparcía la semilla, algunos cayeron por el camino, y los pájaros vinieron y se la comieron.*

Algunos cayeron en lugares rocosos, donde no tenía mucha tierra. Surgió rápidamente, porque el suelo era poco profundo. Pero cuando salió el sol, las plantas se quemaron y se marchitaron porque no tenían raíz. Otras semillas cayeron entre las espinas, que crecieron y ahogaron las plantas.

Aún otra semilla cayó en buena tierra, donde produjo una cosecha, cien, sesenta o treinta veces lo que se sembró. Quien tenga oídos, que oiga.

Mateo 13: 3-9

_____

_____

_____

_____

_____

_____

_____

Siendo bendecido

~ CONOZCA BIEN A SU CÓNYUGE: ANTES DEL MATRIMONIO ~

¿NO TE HA hecho el único Dios? Le perteneces en cuerpo y espíritu. ¿Y qué busca el único Dios? Hijos piadosos.

Así que mantente en guardia y no seas infiel a la esposa de tu juventud. "El hombre que odia y se divorcia de su esposa", dice el SEÑOR, el Dios de Israel, "violenta a quien debe proteger", dice el Señor Todopoderoso.

Así que mantente en guardia y no seas infiel.
Malaquías 2: 15-16

_____

_____

_____

_____

_____

_____

_____

_____

_____

Siendo bendecido

~ Deje el deshierbe a Jesús ~

¿Sabes lo especial que eres? ¡Eres creado de manera única, temerosa y maravillosa por Dios! Muchas veces tratamos de eliminar lo correcto de lo incorrecto:

Jesús les contó otra parábola: "El reino de los cielos es como un hombre que sembró buena semilla en su campo. Pero mientras todos dormían, su enemigo vino y sembró malas hierbas entre el trigo, y se fue. Cuando el trigo brotó y formó cabezas, también aparecieron las malas hierbas".

"Los sirvientes del dueño se acercaron a él y le dijeron:" Señor, ¿no sembró buena semilla en su campo? ¿De dónde vinieron las malas hierbas? "" Un enemigo hizo esto ", respondió" Los sirvientes le preguntaron: "¿Quieres que vayamos y los saquemos?" "No", respondió, "porque mientras estás tirando las malas hierbas, tú puedes arrancar el trigo con ellas.

Dejen que ambos crezcan juntos hasta la cosecha. En ese momento les diré a los cosechadores: Primero recojan las malas hierbas y átenlas en bultos para quemarlas; luego recoge el trigo y llévalo a mi establo".

Mateo 13: 24-30

_____

_____

_____

Siendo bendecido

~ SEMILLAS DE LA VERDAD ~

HAY QUIENES EN la vida te dirán la verdad y no lo creerás. Confía en Dios y no te apoyes en tu propio entendimiento. Los fariseos y saduceos tenían la costumbre de hacer esto...

Pero al llegar a la cárcel, los oficiales no los encontraron allí. Entonces volvieron e informaron: "Encontramos la cárcel bien cerrada, con los guardias de pie en las puertas; pero cuando los abrimos, no encontramos a nadie dentro".

Al escuchar este informe, el capitán de la guardia del templo y los principales sacerdotes estaban perdidos, preguntándose a qué podría conducir esto. Entonces alguien vino y dijo: "¡Mira! Los hombres que pones en la cárcel están parados en los tribunales del templo enseñando a la gente.

Hechos 5: 22-25

_____

_____

_____

_____

_____

_____

_____

Siendo bendecido

~ ¿TIENES LECHE? ~

PORQUE, "TODAS LAS *personas son como la hierba, y toda su gloria es como las flores del campo; la hierba se marchita y las flores caen, pero la palabra del Señor permanece para siempre ".*

Y esta es la palabra que se te predicó. Por lo tanto, libérense de toda malicia y todo engaño, hipocresía, envidia y calumnia de todo tipo.

Al igual que los bebés recién nacidos, anhelan la leche Buenoual pura, para que puedan crecer en su salvación, ahora que han probado que el Señor es Bueno.

1 Pedro 1: 24-2: 3

_____

_____

_____

_____

_____

_____

_____

_____

Siendo bendecido

~ REGALOS DE GRACIA ~

¿LE ESTÁS PIDIENDO a Dios que te bendiga? Ruego que su pedido esté en Su voluntad y que sea honrado. No olvide volver a la cosechadora una vez que las semillas hayan florecido. Así es, diezmo.

Habla con los israelitas y diles: "Cuando entres en la tierra que te voy a dar y cosecharás, trae al sacerdote una gavilla del primer grano que coseches".

Levítico 23:10

Siendo bendecido

~ LABIOS CONTROLADOS ~

PERMITIR QUE DIOS controle tu lengua puede ser difícil. Hay dos cosas que no se pueden cambiar: el tiempo y las palabras una vez dichas. Sembrar palabras de amor, incluso en la corrección.

Del mismo modo, la lengua es una pequeña parte del cuerpo, pero hace grandes alardes. Considere qué gran bosque es incendiado por una pequeña chispa. La lengua también es un fuego, un mundo de maldad entre las partes del cuerpo.

Corrompe todo el cuerpo, prende fuego a todo el curso de la vida y el infierno lo prende fuego. Todos los tipos de animales, aves, reptiles y criaturas marinas están siendo domesticados y han sido domesticados por la humanidad, pero ningún ser humano puede domar la lengua. Es un mal inquieto, lleno de veneno mortal.

Con la lengua alabamos a nuestro Señor y Padre, y con ella maldecimos a los seres humanos, que han sido creados a semejanza de Dios. De una misma boca vienen bendición y maldición. Mis hermanos y hermanas, esto no debería ser.

Santiago 3: 5-10

_____

_____

_____

Siendo bendecido

~ SEMILLAS DE ALABANZA ~

DIOS ES ESPÍRITU, *y sus adoradores deben adorar en el Espíritu y en la verdad. Juan 4:24*

¿Tiene Dios acceso completo a tu corazón en la adoración?

_____

_____

_____

_____

_____

_____

_____

_____

_____

_____

_____

_____

_____

Siendo bendecido

~ PROBLEMAS ~

Considere ahora: ¿Quién, siendo inocente, ha perecido alguna vez?

¿Dónde fueron destruidos los rectos?

Como he observado, los que aran el mal y los que siembran problemas lo cosechan.

Al soplo de Dios perecen; a la explosión de su ira ya no existen.
Job 4: 7-9

_____

_____

_____

_____

_____

_____

_____

_____

_____

Siendo bendecido

~ BONDAD ~

LOS QUE SON amables se benefician, pero los crueles se arruinan a sí mismos.

Una persona malvada gana salarios engañosos, pero el que siembra justicia cosecha una recompensa segura.

Verdaderamente los justos alcanzan la vida, pero el que persigue el mal encuentra la muerte".

Proverbios 11: 17-19

_____

_____

_____

_____

_____

_____

_____

_____

_____

_____

Siendo bendecido

~ DIOS TIENE 180 ~

DIOS NOS AMA lo suficiente como para traernos de vuelta a Él cuando hemos perdido el camino.

Debido a que te enfureces contra mí y porque tu insolencia ha llegado a mis oídos, pondré mi gancho en tu nariz y mi bocado en tu boca, y te haré volver por el camino por el que viniste.

Esta será la señal para ti, Ezequías: este año comerás lo que crece solo, y el segundo año lo que brota de eso. Pero en el tercer año siembra y cosecha, planta viñedos y come sus frutos. Una vez más, un remanente del reino de Judá echará raíces abajo y dará fruto arriba.

Isaías 37: 29-31

_____

_____

_____

_____

_____

_____

_____

_____

Siendo bendecido

~ ¡DALE A LO GRANDE! ~

Así que pensé que era necesario instar a los hermanos a que lo visitaran por adelantado y terminaran los arreglos para el generoso regalo que habían prometido. Entonces estará listo como un regalo generoso, no como un regalo a regañadientes.

Recuerde esto: el que siembra con moderación también cosechará con moderación, y el que siembra generosamente también cosechará generosamente. Cada uno de ustedes debe dar lo que ha decidido dar en su corazón, no de mala gana o por obligación, porque Dios ama a un dador alegre.

2 Corintios 9: 5-7

_____

_____

_____

_____

_____

_____

_____

_____

_____

_____

Siendo bendecido

~ MEDIANDO PARA CRISTO ~

PERO LA SABIDURÍA que viene del cielo es ante todo pura; entonces amante de la paz, considerado, sumiso, lleno de misericordia y buenos frutos, imparcial y sincero.

Los pacificadores que siembran en paz cosechan una cosecha de justicia.

Santiago 3: 17-18

_____

_____

_____

_____

_____

_____

_____

_____

_____

_____

_____

_____

Siendo bendecido

~ DEPÓSITO DIRECTO ETERNO ~

¿QUÉ BENEFICIO OBTUVISTE en ese momento de las cosas de las que ahora te avergüenzas? ¡Esas cosas resultan en la muerte! Pero ahora que has sido liberado del pecado y te has convertido en esclavo de Dios, el beneficio que cosechas te lleva a la santidad, y el resultado es la vida eterna.

Porque la paga del pecado es muerte, pero el don de Dios es vida eterna en Cristo Jesús, nuestro Señor.

Romanos 6: 21-23

_____

_____

_____

_____

_____

_____

_____

_____

_____

Siendo bendecido

~ CON UN SWING ~

MIRÉ, Y ALLÍ delante de mí había una nube blanca, y sentado en la nube había uno como un hijo de hombre con una corona de oro en la cabeza y una hoz aguda en la mano.

Luego, otro ángel salió del templo y llamó en voz alta al que estaba sentado en la nube: "Toma tu hoz y cosecha, porque ha llegado el momento de cosechar, porque la cosecha de la tierra está madura".

Entonces el que estaba sentado en la nube balanceó su hoz sobre la tierra, y la tierra fue cosechada.

Apocalipsis 14: 14-16

_____

_____

_____

_____

_____

_____

_____

_____

Siendo bendecido

~ MANOS EXTENDIDAS ~

No esperes que te pidan una bendición. Extiende tu mano primero.

Los ricos gobiernan sobre los pobres, y el prestatario es esclavo del prestamista.

El que siembra injusticia cosecha la calamidad, y la vara que empuñan con furia se romperá.

Los generosos serán bendecidos, porque comparten su comida con los pobres".

Proverbios 22: 7-9

_____

_____

_____

_____

_____

_____

_____

_____

_____

Siendo bendecido

Julio

LA LENGUA: CON ella podemos hablar palabras de elocuencia, cantar melodías del cielo y elevarnos instantáneamente.

También por eso, las almas han sido destrozadas; matrimonios disueltos; comenzaron las guerras y las vidas perdidas.

Este mes, el Espíritu del Dios viviente construirá nuestro vocabulario espiritual y nos instruirá sobre el uso del miembro más poderoso del cuerpo de Cristo. La lengua.

~ ÁRBOLES ~

LA LENGUA RELAJANTE es un árbol de la vida, pero una lengua perversa aplasta el espíritu.

Proverbios 15: 4

Que los ángeles de nuestro Señor acampen alrededor de ti y los tuyos. Que estés continuamente protegido de los peligros que se ven y no se ven.

Siendo bendecido

~ INTENCIONES ~

EN TODO LO que hacemos y decimos, el Padre Dios es consciente. ¿Pero está complacido?

Que estas palabras de mi boca y esta meditación de mi corazón sean agradables a tus ojos, SEÑOR, mi Roca y mi Redentor.

Salmo 19:14

_____

_____

_____

_____

_____

_____

_____

_____

_____

_____

_____

Siendo bendecido

~ LA VERDAD PUEDE LASTIMAR ~

ESTAMOS OBLIGADOS A decirnos la verdad el uno al otro. Muchas veces la verdad es rechazada debido al orgullo; quien es el mensajero; y la negación total. ¿Necesitas decirle a alguien la verdad? ¿Alguien necesita decirte la verdad... especialmente si te has estado mintiendo a ti mismo?

"Estas son las cosas que deben hacer: decir la verdad el uno al otro y emitir un juicio verdadero y sólido en sus tribunales; no conspiren el mal unos contra otros, y no amen jurar falsamente. Odio todo esto", declara el Señor.

Zacarías 8: 16-17

_____

_____

_____

_____

_____

_____

_____

_____

_____

_____

Siendo bendecido

~ ABOGADO DEL TRIBUNAL ~

DONDE ESTÁ EL espíritu del Señor, hay libertad.

Debes estar en guardia. Serás entregado a los consejos locales y azotado en las sinagogas. Por mi culpa, se presentarán ante gobernadores y reyes como testigos de ellos.

Y el evangelio primero debe ser predicado a todas las naciones. Siempre que lo arresten y lo lleven a juicio, no se preocupe de antemano sobre qué decir. Solo di lo que se te haya dado en ese momento, porque no eres tú quien habla, sino el Espíritu Santo.
Marcos 13: 9-11

_____

_____

_____

_____

_____

_____

_____

_____

_____

Siendo bendecido

~ ¡GUARDA TUS JUGUETES! ~

LA VIDA TRAE cambios constantes. No siempre es fácil ser cristiano. ¿Qué es un cristiano maduro?

Mi abuela decía "¡No seas tonto toda tu vida! ¡No hay tonto como un viejo tonto! "

¿Las palabras que hablamos nos hacen parecer tontos? ¿Nuestras acciones nos hacen parecer inmaduros? Pablo tuvo una epifanía y declaró:

Cuando era niño, hablaba como un niño, pensaba como un niño, razonaba como un niño. Cuando me convertí en hombre, dejé atrás los caminos de la infancia.

1 Corintios 13:11

Siendo bendecido

~ ¿CUÁNTAS VECES HAY QUE DECIRLO ~

UNA COSA QUE Dios ha dicho, dos cosas que he escuchado:

"El poder te pertenece, Dios, y contigo, Señor, es amor inagotable";
y "recompensas a todos de acuerdo con lo que han hecho".
Salmo 62: 11-12

Siendo bendecido

~ ESCUCHA Y MIRA ~

APRENDE EN SILENCIO.

Entonces Jesús dijo a las multitudes ya sus discípulos: "Los maestros de la ley y los fariseos se sientan en el asiento de Moisés. Así que debes tener cuidado de hacer todo lo que te digan.

Pero no hagas lo que hacen, porque no practican lo que predican. Atan cargas pesadas y engorrosas y las ponen sobre los hombros de otras personas, pero ellos mismos no están dispuestos a levantar un dedo para moverlas".

Mateo 23: 1-4

_____

_____

_____

_____

_____

_____

_____

_____

_____

Siendo bendecido

~ CUIDA TUS SUSURROS ~

ES VERGONZOSO INCLUSO mencionar lo que hacen los desobedientes en secreto.

Efesios 5:12

Incluso una solicitud de oración puede convertirse en una forma de chisme. Ten en cuenta el engaño del enemigo.

_____

_____

_____

_____

_____

_____

_____

_____

_____

_____

_____

_____

Siendo bendecido

~ FELICITACIONES ~

ES BUENO RECIBIR comentarios positivos sobre uno mismo o un logro. ¿Alguna vez alguien te alabó solo para descubrir que mientras te alababan un momento, te traicionaban al siguiente?

Jesus dijo:

Ay de ti cuando todos hablan bien de ti, porque así es como sus antepasados trataron a los falsos profetas.

Pero a los que están escuchando les digo: ama a tus enemigos, haz el bien a los que te odian, bendice a los que te maldicen, reza por los que te maltratan.

Lucas 6: 26-28

_____

_____

_____

_____

_____

_____

_____

Siendo bendecido

~ HABLA LA VIDA ~

DEL FRUTO DE su boca se llena el estómago de una persona; con la cosecha de sus labios están satisfechos.

La lengua tiene el poder de la vida y la muerte, y los que la aman comerán su fruto.

Proverbios 18: 20-21

_____

_____

_____

_____

_____

_____

_____

_____

_____

_____

_____

Siendo bendecido

~ PROFECÍAS ~

DIOS ESTÁ TRABAJANDO *y el enemigo no está contento. Muchos creen que el día del profeta vino y se fue. Sin embargo...*

También tenemos el mensaje profético como algo completamente confiable, y harás bien en prestarle atención, en cuanto a una luz que brilla en un lugar oscuro, hasta que amanezca y la estrella de la mañana salga en tus corazones.

Sobre todo, debes entender que ninguna profecía de la Escritura se produjo por la propia interpretación del profeta de las cosas. Porque la profecía nunca tuvo su origen en la voluntad humana, pero los profetas, aunque humanos, hablaron de Dios cuando fueron llevados por el Espíritu Santo.

2 Pedro 1: 19-21

Siendo bendecido

~ BLASFEMIA ~

ENTONCES JESÚS LOS *llamó y comenzó a hablarles en parábolas: "¿Cómo puede Satanás expulsar a Satanás? Si un reino está dividido contra sí mismo, ese reino no puede sostenerse. Si una casa está dividida contra sí misma, esa casa no puede sostenerse. Y si Satanás se opone a sí mismo y está dividido, no puede sostenerse; Su fin ha llegado. De hecho, nadie puede entrar en la casa de un hombre fuerte sin antes atarlo. Entonces puede saquear la casa del hombre fuerte.*

En verdad les digo, las personas pueden ser perdonadas por todos sus pecados y por cada calumnia que pronuncien, pero quien blasfeme contra el Espíritu Santo nunca será perdonado; son culpables de un pecado eterno".

Marcos 3: 23-29

_____

_____

_____

_____

_____

_____

_____

_____

Siendo bendecido

~ Asuntos del corazón ~

Señor, ¿quién puede habitar en tu tienda sagrada?
¿Quién puede vivir en tu montaña sagrada?

Aquel cuyo andar es irreprensible, quien hace lo justo, quien dice la verdad de corazón;

cuya lengua no pronuncia calumnias, quien no hace mal a un vecino, y no echa calumnias a otros; quien desprecia a una persona vil pero honra a los que temen al Señor; quien hace un juramento incluso cuando duele y no cambia de opinión; quien presta dinero a los pobres sin intereses; quien no acepta un soborno contra los inocentes. Quien haga estas cosas nunca será sacudido.

Salmo 15

_____

_____

_____

_____

_____

_____

_____

Siendo bendecido

~ HABLA LA VERDAD ~

DIOS SIGUE SIENDO fiel, lleno de misericordia y gracia. Hay algunos que compartirán el amor de Cristo y no serán recibidos.

"Eres el maestro de Israel", dijo Jesús, "¿y no entiendes estas cosas? De verdad les digo que hablamos de lo que sabemos y damos testimonio de lo que hemos visto, pero aún así, ustedes no aceptan nuestro testimonio. Te he hablado de cosas terrenales y no crees; ¿cómo creerás si hablo de cosas celestiales?

Juan 3: 10-12

_____

_____

_____

_____

_____

_____

_____

_____

_____

_____

_____

Siendo bendecido

~ DIOS LO HIZO ~

PONDRÉ MI ESPÍRITU en ti y vivirás, y te estableceré en tu propia tierra. Entonces sabrán que yo, el SEÑOR, he hablado, y lo he hecho, declara el SEÑOR.

Ezequiel 37:14

_____

_____

_____

_____

_____

_____

_____

_____

_____

_____

_____

_____

Siendo bendecido

~ ASCENSOR ~

No DEJES QUE salga de tu boca ninguna conversación malsana, sino solo lo que sea útil para construir a otros de acuerdo a sus necesidades, que pueda beneficiar a los que escuchan.

Y no entristezcas al Espíritu Santo de Dios, con quien fuiste sellado para el día de la redención.

Efesios 4: 29-30

_____

_____

_____

_____

_____

_____

_____

_____

_____

_____

_____

Siendo bendecido

~ COMPARTE EL MENSAJE ~

Entonces la ira del SEÑOR ardió contra Moisés y dijo: "¿Y tu hermano Aarón el Levita? Sé que puede hablar bien. Él ya está en camino para conocerte, y se alegrará de verte.

Le hablarás y pondrás palabras en su boca; Ayudaré a los dos a hablar y les enseñaré qué hacer. Él hablará a la gente por ti, y será como si él fuera tu boca y como si fueras Dios para él".

Éxodo 4: 14-16

Siendo bendecido

~ Un sabor agrio ~

Deshágase de toda la amargura, la ira y la ira, las peleas y las calumnias, junto con toda forma de malicia.

Sean amables y compasivos los unos con los otros, perdonándose unos a otros, tal como en Cristo Dios los perdonó.
Efesios 4: 31-32

No gastes tu vida siendo amargado o enojado. Estamos aquí poco tiempo en esta tierra. Perdona para que puedas tener paz.

_____

_____

_____

_____

_____

_____

_____

_____

_____

_____

Siendo bendecido

~ INCLUSO UN BURRO ~

DIOS PUEDE USAR cualquier cosa y a cualquier persona que desee para marcar la diferencia. No lo subestimes ni a él ni a su creación.

Cuando el burro vio al ángel del SEÑOR, se tumbó debajo de Balaam, y él se enojó y lo golpeó con su bastón. Entonces el SEÑOR abrió la boca del burro y le dijo a Balaam: "¿Qué te he hecho para que me golpees estas tres veces?"

Balaam le respondió al burro: "¡Me has engañado! Si solo tuviera una espada en la mano, te mataría ahora mismo.

Números 22: 27-29

Siendo bendecido

~ Escucha al Profeta ~

EL SEÑOR ME dijo: "Lo que dicen es bueno. Levantaré para ellos un profeta como tú entre sus compañeros israelitas, y pondré mis palabras en su boca.

Les dirá todo lo que le mando. Yo mismo llamaré para dar cuenta a cualquiera que no escuche mis palabras de que el profeta habla en mi nombre ".

Deuteronomio 18: 17-19

_____

_____

_____

_____

_____

_____

_____

_____

_____

_____

_____

_____

Siendo bendecido

21 DE JULIO

~ ¡HABLA! ~

HABRÁ MOMENTOS EN los que necesitará hacerles saber a los demás lo que el Señor le ha permitido lograr. La jactancia es del poder de Dios, no del tuyo. Se llama un testimonio.

Pero David le dijo a Saúl: "Tu siervo ha estado cuidando las ovejas de su padre. Cuando vino un león o un oso y se llevó una oveja del rebaño, fui tras ella, la golpeé y rescaté a la oveja de su boca.

Cuando se volvió hacia mí, lo agarré por el pelo, lo golpeé y lo maté. Tu sirviente ha matado tanto al león como al oso; este filisteo incircunciso será como uno de ellos, porque ha desafiado a los ejércitos del Dios viviente. El Señor que me rescató de la pata del león y la pata del oso me rescatará de la mano del filisteo. Saúl le dijo a David: "Ve, y el Señor esté contigo".

1 Samuel 17: 34-37

Siendo bendecido

212

~ Balbuceos ~

No hay nadie santo como el SEÑOR; no hay nadie además de ti; No hay roca como nuestro Dios.

No sigas hablando tan orgullosamente ni dejes que tu boca hable tanta arrogancia, porque el SEÑOR es un Dios que sabe, y por él se pesan las obras.

Los arcos de los guerreros están rotos, pero los que tropezaron están armados con fuerza.

1 Samuel 2: 2-4

———————————————————————

———————————————————————

———————————————————————

———————————————————————

———————————————————————

———————————————————————

———————————————————————

———————————————————————

———————————————————————

———————————————————————

———————————————————————

Siendo bendecido

~ CUMPLE TU PROMESA ~

PERO SI SE *abstiene de hacer un voto, no será culpable. Debes asegurarte de hacer lo que digan tus labios, porque hiciste tu voto libremente al SEÑOR tu Dios con tu propia boca.*

Deuteronomio 23: 22-23

_____

_____

_____

_____

_____

_____

_____

_____

_____

_____

_____

_____

Siendo bendecido

24 DE JULIO

~ ORACIONES APASIONADAS ~

¿CÓMO ES TU vida de oración? ¿Tus oraciones son superficiales? ¿Derramas tu corazón a Dios sin importar quién esté cerca y lo que puedan pensar?

Mientras seguía orando al Señor, Eli observó su boca. Hannah estaba rezando en su corazón, y sus labios se movían pero no se oía su voz. Eli pensó que estaba borracha y le dijo: "¿Cuánto tiempo vas a permanecer borracha? Guarda tu vino.

"No es así, mi señor", respondió Hannah, "Soy una mujer que está profundamente preocupada. No he estado bebiendo vino o cerveza; Estaba derramando mi alma al Señor".

1 Samuel 1: 12-15

Siendo bendecido

25 DE JULIO

~ Tentado por Satanás ~

El enemigo viene durante nuestros momentos más débiles. ¿Qué le dirás a él?

El tentador se le acercó y le dijo: "Si eres el Hijo de Dios, diles a estas piedras que se conviertan en pan". Jesús respondió: "Está escrito:" El hombre no vivirá solo de pan, sino de cada palabra que sale de la boca de Dios".

Mateo 4: 3-4

_____

_____

_____

_____

_____

_____

_____

_____

_____

_____

Siendo bendecido

26 DE JULIO

~ LIMPIO ~

ENTONCES OÍ UNA voz que me decía: 'Levántate, Peter. Mata y come ".' Respondí: "¡Seguramente no, Señor!

Nada impuro o impuro ha entrado en mi boca ". La voz habló desde el cielo por segunda vez:" No digas nada impuro que Dios haya limpiado".

Hechos 11: 7-9

_____

_____

_____

_____

_____

_____

_____

_____

_____

_____

_____

_____

Siendo bendecido

~ SALIÓ DEL CORAZÓN ~

CADA ÁRBOL ES reconocido por su propio fruto. Las personas no recogen higos de los arbustos espinosos ni uvas de las zarzas. Un hombre bueno saca cosas buenas de lo bueno almacenado en su corazón, y un hombre malo saca cosas malas del mal almacenado en su corazón.

Porque la boca habla de lo que está lleno el corazón.

Lucas 6: 44-45

_____

_____

_____

_____

_____

_____

_____

_____

_____

_____

Siendo bendecido

~ Es lo que dijiste ~

Jesús llamó a la multitud y le dijo: "Escucha y comprende. Lo que entra en la boca de alguien no lo contamina, pero lo que sale de su boca es lo que lo contamina".

Mateo 15: 10-11

_____

_____

_____

_____

_____

_____

_____

_____

_____

_____

_____

_____

Siendo bendecido

~ SALVACIÓN ~

UNO DE LOS trucos de bolsillo de Satanás es crear dudas para el cristiano. Incluso te hará pensar que no eres salvo.

¿Quién descenderá a las profundidades? (es decir, resucitar a Cristo de los muertos). Pero ¿qué dice? "La palabra está cerca de ti; está en tu boca y en tu corazón, es decir, el mensaje sobre la *fe que proclamamos:*"

Si declaras con tu boca, "Jesús es Señor", y crees en tu corazón que Dios lo levantó de entre los muertos, serás salvo.
Romanos 10: 7-9

_____

_____

_____

_____

_____

_____

_____

_____

_____

Siendo bendecido

~ ESCUCHA LO QUE SE DICE ~

CON RESPECTO A *la venida de nuestro Señor Jesucristo y nuestra reunión con él, les pedimos a ustedes, hermanos y hermanas, que no se inquieten o alarmen fácilmente por las enseñanzas supuestamente de nosotros, ya sea por profecía o de boca en boca o por carta. afirmando que el día del Señor ya ha llegado.*

No dejes que nadie te engañe de ninguna manera, porque ese día no vendrá hasta que ocurra la rebelión y se revele al hombre de la anarquía, el hombre condenado a la destrucción.

II Tesalonicenses 2: 1-3

_____

_____

_____

_____

_____

_____

_____

_____

_____

_____

Siendo bendecido

~ CRISTIANOS COMPROMETIDOS ~

ESTAS PERSONAS SON *manantiales sin agua y nieblas impulsadas por una tormenta. La oscuridad más negra está reservada para ellos. Porque pronuncian palabras vacías y jactanciosas y, al apelar a los deseos lujuriosos de la carne, atraen a las personas que escapan de los que viven en el error.*

Les prometen libertad, mientras que ellos mismos son esclavos de la depravación, porque "las personas son esclavas de lo que sea que las haya dominado"

2 Pedro 2: 17-19

Siendo bendecido

Agosto

PREPARACIÓN: EL TRABAJO o la planificación involucrados en preparar algo o alguien; Un estado de preparación. Es un paso vital que a menudo se omite al intentar una variedad de tareas. ¿Alguna vez has lanzado de cabeza algo sin una pista? ¿Tuviste éxito? Si es así, alabado sea Dios. Si no, ¿qué aprendiste?

Este mes Dios eligió enfocarse en la importancia de estar preparado.

Al final del día, todos nos esforzamos por llegar a ese lugar preparado para su pueblo preparado.

~ LA HIPOTECA YA ESTÁ PAGADA ~

SIEMPRE DEBEMOS ESTAR preparados para cualquier cosa que se nos presente en la vida. Jesús fue un hombre de preparación. Él ya ha preparado una finca celestial para ti. ¿Estás preparado para vivir allí? ¿Estarás listo para su regreso?

La casa de mi padre tiene muchas habitaciones; Si no fuera así, ¿te habría dicho que iré allí para prepararte un lugar?

Y si voy y preparo un lugar para ti, volveré y te llevaré a estar conmigo para que tú también puedas estar donde yo estoy.
Juan 14: 2-3

_____

_____

_____

_____

_____

_____

_____

_____

Siendo bendecido

~ ¿LO AMAS? ~

AMO A DIOS. Lo amo no por lo que hace por mí o puede darme. Lo amo porque Dios se preocupó por mí lo suficiente como para salvar mi alma de las profundidades del infierno. Me amaba incondicionalmente. Él me amó primero.

Sin embargo, como está escrito: "Lo que ningún ojo ha visto, lo que ningún oído ha escuchado, y lo que ninguna mente humana ha concebido, las cosas que Dios ha preparado para aquellos que lo aman, estas son las cosas que Dios nos ha revelado por su Espíritu.

El Espíritu busca todas las cosas, incluso las cosas profundas de Dios. ¿Para quién conoce los pensamientos de una persona excepto su propio espíritu dentro de ellos? Del mismo modo, nadie conoce los pensamientos de Dios excepto el Espíritu de Dios".

1 Corintios 2: 9-11

_____

_____

_____

_____

_____

_____

_____

Siendo bendecido

~ ¿LE HAS PREGUNTADO? ~

DIOS ES FIEL y está lleno de misericordia y es más que capaz de atender cada llamada que se le presente. Como humanos, tendemos a viajar a través de la vida con un montón de culpa, vergüenza y sentimientos no deseados de los que solo Él puede aliviarnos para que podamos experimentar libertad y alegría en la vida.

Escúchame, Señor, y respóndeme, porque soy pobre y necesitado. Guarda mi vida, porque te soy fiel; salva a tu sirviente que confía en ti.

Eres mi Dios; ten piedad de mí, Señor, porque te llamo todo el día. Alegra a tu siervo, Señor, porque confío en ti.

Tú, Señor, eres indulgente y bueno, abundando en amor a todos los que te llaman.

Salmo 86: 1-5

_____

_____

_____

_____

_____

_____

Siendo bendecido

~ LÍDERES Y SEGUIDORES ~

SEGUIR EL LIDERAZGO de alguien con incertidumbre puede ser rentable, también puede conducir al desastre. Prueba el espíritu por el espíritu y confía en Dios. ¡Podrías seguir y caminar directamente hacia tu bendición!

Mira, estoy enviando un ángel delante de ti para que te proteja en el camino y te lleve al lugar que he preparado.

Éxodo 23:20

Siendo bendecido

5 DE AGOSTO

~ SÉ UN EJEMPLO ~

DIOS DESEA USARTE para abrir caminos para otros.

¡Pasa, pasa por las puertas! Prepara el camino para la gente. ¡Construye, construye la carretera! Retira las piedras. Levanta una pancarta para las naciones.

Isaías 62:10

_____

_____

_____

_____

_____

_____

_____

_____

_____

_____

_____

Siendo bendecido

~ ERES LO SUFICIENTEMENTE FUERTE ~

JUSTO CUANDO CREES que eres sólido en tu fe, puede venir una prueba y sabrás exactamente dónde estás espiritualmente. Tu espíritu-hombre puede decir una cosa y tu alma otra.

Luego regresó con sus discípulos y los encontró durmiendo. "Simon", le dijo a Peter, "¿estás dormido? ¿No podrías vigilar durante una hora?

Mira y reza para que no caigas en la tentación. El espíritu está dispuesto, pero la carne es débil."

Marcos 14: 37-38

Siendo bendecido

~ ¡PUEDE HACERLO! ~

NO IMPORTA EL *pecado que hayas cometido, Dios ya sabía que lo harías. Él buscó una relación contigo antes de que nacieras.*

Búscalo por arrepentimiento y restauración. Jesús dijo que se pararía en la puerta y llamaría. Te puedo garantizar que Él no intentará patearlo. Simplemente gira la perilla de tu corazón y déjalo entrar. La restauración ya está en su lugar.

Sin embargo, deseabas fidelidad incluso en el útero; Me enseñaste sabiduría en ese lugar secreto. Límpiame con hisopo y estaré limpio; lávame y seré más blanco que la nieve.

Déjame escuchar alegría y alegría; deja que los huesos que has aplastado se regocijen.

Salmo 51: 6-8

Siendo bendecido

~ ASIENTOS DESIGNADOS ~

CUANDO LLEGUES AL *cielo, ¿estarás buscando un asiento?*

Entonces James y John, los hijos de Zebedeo, vinieron a él. "Maestro", dijeron, "queremos que hagas por nosotros lo que te pidamos". "¿Qué quieres que haga por ti?" preguntó.

Ellos respondieron: "Que uno de nosotros se siente a su derecha y el otro a su izquierda en su gloria". "No sabes lo que estás preguntando", dijo Jesús. "¿Puedes beber la copa que bebo o ser bautizado con el bautismo con el que soy bautizado?" "Podemos", respondieron.

Jesús les dijo: "Beberán la copa que yo bebo y se bautizarán con el bautismo con el que soy bautizado, pero sentarse a mi derecha o izquierda no me corresponde. Estos lugares pertenecen a aquellos para quienes han sido preparados."

Marcos 10: 35-40

_____

_____

_____

_____

_____

Siendo bendecido

~ SIGUIENDO INSTRUCCIONES ~

CUANDO DIOS DA instrucciones, es mejor anotarlas.

Es posible que no siempre comprendamos algunas de las instrucciones de Dios y, ciertamente, no podamos recordar todos los detalles.

Por fe, Noé, cuando se le advirtió sobre cosas que aún no se veían, en santo temor construyó un arca para salvar a su familia. Con su fe, condenó al mundo y se convirtió en heredero de la justicia que está de acuerdo con la fe.

Hebreos 11: 7

_____

_____

_____

_____

_____

_____

_____

_____

Siendo bendecido

~ Buques listos para usar ~

En nuestros días de juventud, pensamos que teníamos todo el tiempo del mundo y el derecho a tomar nuestras propias decisiones. Independientemente de nuestra edad, nuestro Creador puede ponernos en uso. ¿Estas disponible?

En una casa grande hay artículos no solo de oro y plata, sino también de madera y arcilla; algunos son para fines especiales y otros para uso común. Aquellos que se limpien de esto último serán instrumentos para propósitos especiales, hechos santos, útiles para el Maestro y preparados para hacer cualquier buen trabajo.

2 Timoteo 2: 20-21

_____

_____

_____

_____

_____

_____

_____

_____

Siendo bendecido

~ Lingüista espiritual ~

INCLUSO EN EL *caso de cosas sin vida que producen sonidos, como la pipa o el arpa, ¿cómo sabrá alguien qué melodía se está tocando a menos que haya una distinción en las notas? Nuevamente, si la trompeta no suena una llamada clara, ¿quién se preparará para la batalla? Así es contigo.*

A menos que pronuncies palabras inteligibles con tu lengua, ¿cómo sabrá alguien lo que estás diciendo? Solo estarás hablando en el aire. Sin lugar a dudas, hay todo tipo de idiomas en el mundo, pero ninguno de ellos carece de sentido.

Si entonces no entiendo el significado de lo que alguien está diciendo, soy un extranjero para el hablante, y el hablante es un extranjero para mí. Así es contigo. Como estás ansioso por los dones del Espíritu, trata de sobresalir en aquellos que edifican la iglesia.

Por esta razón, el que habla en una lengua debe rezar para que puedan interpretar lo que dicen. Porque si oro en una lengua, mi espíritu ora, pero mi mente es infructuosa.

1 Corintios 14: 7-14

Siendo bendecido

~ SER ENCONTRADO SIN CULPA ~

PERO LOS INGENUOS *no pueden volverse más sabios de lo que un potro de burro salvaje puede nacer humano.*

Sin embargo, si dedicas tu corazón a él y extiendes tus manos hacia él, si quitas el pecado que está en tu mano y no permites que el mal habite en tu tienda, entonces, sin culpa, levantarás tu rostro; te mantendrás firme y sin miedo.

Job 11: 12-14

Siendo bendecido

~ OPRESIÓN ~

DIOS SABÍA QUE *experimentaríamos innumerables formas de sufrimiento. No necesita un audífono, tapones para los oídos, iPod, MP3 o cualquier otro dispositivo para ayudar a grabar, eliminar, recuperar o completar nuestras solicitudes. Simplemente los escucha a todos y se pone a disposición para hacerlo.*

Tú, Señor, oyes el deseo de los afligidos; los animas y escuchas su grito, defendiendo a los huérfanos y a los oprimidos para que los simples mortales terrenales nunca vuelvan a atacar el terror.
Salmo 10: 17-18

Siendo bendecido

~ ¡PREPARADO PARA WAR! ~

CUANDO VA A *trabajar, a la escuela, a la iglesia o en cualquier lugar, ¿se va medio vestido? Cada día que despertemos, debemos vestirnos espiritualmente. Esta guerra, ni siquiera nuestro presidente, el comandante en jefe, nos puede rescatar.*

Ponte la armadura completa de Dios, para que puedas mantenerte en pie contra los planes del diablo. Porque nuestra lucha no es contra carne y hueso, sino contra los gobernantes, contra las autoridades, contra los poderes de este mundo oscuro y contra las fuerzas espirituales del mal en los reinos celestiales.
Efesios 6: 11-12

_____

_____

_____

_____

_____

_____

_____

_____

_____

_____

Siendo bendecido

~ LISTO PARA SERVIR ~

¿CUESTIONAS TUS CAPACIDADES de testimonio? ¿Todavía estás en la etapa de planificación para el servicio? Seguramente Dios usará a quien Él elija cuando Él elija. Confía en su dirección. Habla cuando Él dice habla. Vete cuando Él te diga.

Por lo tanto, ve y haz discípulos de todas las naciones, bautizándolos en el nombre del Padre y del Hijo y del Espíritu Santo, y enseñándoles a obedecer todo lo que te he mandado.

Y seguramente, estoy contigo siempre, hasta el final de la era.
Mateo 28: 19-20

_____

_____

_____

_____

_____

_____

_____

_____

_____

_____

Siendo bendecido

~ ANTOJOS ~

ESAÚ TENÍA TANTA hambre un día que le pidió a su hermano que le preparara una comida por la que estaba dispuesto a cambiar su derecho de nacimiento. ¿Alguna vez has querido algo tan malo que darías cualquier cosa por conseguirlo?

Ahora, toma tu equipo, tu carcaj y tu arco, y sal a campo abierto para cazar algún juego salvaje para mí. Prepárame el tipo de comida sabrosa que me gusta y tráemela para que coma, para que pueda darte mi bendición antes de morir.

Génesis 27: 3-4

_____

_____

_____

_____

_____

_____

_____

_____

_____

_____

Siendo bendecido

~ LECCIÓN DE HORMIGAS ~

SEAMOS MAYORDOMOS SABIOS y hagamos preparativos para el futuro.

Las hormigas son criaturas de poca fuerza, pero almacenan su comida en el verano.

Proverbios 30: 24-25

_____

_____

_____

_____

_____

_____

_____

_____

_____

_____

_____

_____

Siendo bendecido

~ FE ~

Debemos confiar en Dios. Incluso a través de la preparación y especialmente cuando la vida no parece clara y el resultado final no es visible.

Y sin fe es imposible agradar a Dios, porque cualquiera que acuda a él debe creer que existe y que recompensa a quienes lo buscan con seriedad.

Por fe, Noé, cuando se le advirtió sobre cosas que aún no se veían, en santo temor construyó un arca para salvar a su familia. Con su fe, condenó al mundo y se convirtió en heredero de la justicia que está de acuerdo con la fe.

Hebreos 11: 6-7

_____

_____

_____

_____

_____

_____

_____

_____

Siendo bendecido

~ LA JUSTICIA EN EL DISCURSO ~

TEN MUCHO CUIDADO con lo que piensas de los demás, y aún más con lo que hablas de ellos.

Un testigo corrupto se burla de la justiciar, y la boca de los malvados traga maldad.

Las penas se preparan para los burladores y las palizas para las espaldas de los tontos.

Proverbios 19: 28-29

_____

_____

_____

_____

_____

_____

_____

_____

_____

Siendo bendecido

~ ES HORA DE IR ~

¿ALGUNA VEZ NO has sabido cómo salir delante del enemigo? Ya sea que esté huyendo por su vida o un desacuerdo acalorado, todas las cosas son posibles con Dios y Él solo puede protegerlo a usted y a sus acciones de escape en presencia de su enemigo.

Hijo de hombre, estás viviendo entre un pueblo rebelde. Tienen ojos para ver pero no ven y oídos para escuchar pero no oyen, porque son personas rebeldes.

Por lo tanto, hijo del hombre, empaca tus pertenencias para el exilio y durante el día, mientras observan, salen y van de donde estás a otro lugar. Quizás lo entiendan, aunque sean personas rebeldes. Durante el día, mientras observan, saque sus pertenencias empacadas para el exilio. Luego, por la noche, mientras observan, salgan como aquellos que se exilian.

Ezequiel 12: 2-4

Siendo bendecido

~ ¿ESTÁS PREPARADO PARA EVERLASTING? ~

ENTONCES VI "UN cielo nuevo y una tierra nueva", porque el primer cielo y la primera tierra habían fallecido, y ya no había mar. Vi la Ciudad Santa, la nueva Jerusalén, que descendía del cielo de Dios, preparada como una novia bellamente vestida para su esposo. Y escuché una voz fuerte desde el trono que decía: "¡Mira! La morada de Dios está ahora entre la gente, y él morará con ellos. Serán su pueblo, y Dios mismo estará con ellos y será su Dios. 'Se limpiará cada lágrima de sus ojos. No habrá más muerte "ni duelo ni llanto ni dolor, porque el viejo orden de las cosas ha desaparecido".

Apocalipsis 21: 1-4

Siendo bendecido

~ NO TE VAYAS CON LAS MANOS VACÍAS ~

CUANDO TE INVITAN a asistir a un evento, la cortesía es llevar un regalo. Devuelva la misma amabilidad que le brindó la invitación. Su nombre en la lista de invitados es un honor.

El mayordomo llevó a los hombres a la casa de José, les dio agua para lavarse los pies y proporcionó forraje para sus burros. Prepararon sus regalos para la llegada de José al mediodía, porque habían oído que iban a comer allí.

Cuando José llegó a casa, le presentaron los regalos que habían traído a la casa y se postraron ante él al suelo.

Génesis 43: 24-26

_____

_____

_____

_____

_____

_____

_____

_____

_____

Siendo bendecido

~ PLANIFICACIÓN PATRIMONIAL ~

NUESTRA HERENCIA ESPIRITUAL ya está planeada.

No se necesita testamento, fideicomiso, servicio financiero o tribunal de sucesiones. Y él me dijo: Hecho está. Soy Alfa y Omega, el principio y el fin. Le daré al que tiene sed de la fuente del agua de la vida libremente. El que venciere heredará todas las cosas; y seré su Dios, y él será mi hijo.

Apocalipsis 21: 6-7

_____

_____

_____

_____

_____

_____

_____

_____

_____

_____

Siendo bendecido

~ INOCENTE ~

UNA COSA ES defender su caso y jurar que no tiene culpa. Agotar todos los esfuerzos cuando sea necesario. Asegúrate de ser inocente.

Escucha atentamente lo que digo; deja que mis palabras suenen en tus oídos.

Ahora que he preparado mi caso, sé que se me reivindicará.

¿Alguien puede presentar cargos contra mí? Si es así, callaré y moriré.

Job 13: 17-19

_____

_____

_____

_____

_____

_____

_____

_____

Siendo bendecido

~ EL CAMBIO PUEDE SER BUENO ~

¿Alguna vez te has tomado el tiempo y la energía para preparar algo para que alguien solo encuentre que lo que preparaste no es necesario? A menudo podemos frustrarnos con las acciones de los demás. Siempre hay una bendición en los cambios inesperados. Todo lo que tenemos que hacer es buscarlo.

El primer día de la semana, muy temprano en la mañana, las mujeres tomaron las especias que habían preparado y fueron a la tumba. Encontraron la piedra rodada lejos de la tumba, pero cuando entraron, no encontraron el cuerpo del Señor Jesús.
Lucas 24: 1-3

_____

_____

_____

_____

_____

_____

_____

_____

_____

Siendo bendecido

~ TESTIMONIO DE DOS MINUTOS ~

SI ALGUIEN TE preguntara en este mismo momento por qué crees en Dios, ¿qué le dirías? Siempre debemos estar listos y en condiciones de ofrecer nuestra demostración de la gracia de Dios y el sacrificio de Cristo.

Pero incluso si sufrieras por lo que es correcto, eres bendecido. "No temas a sus amenazas; no te asustes." Pero en tus corazones venera a Cristo como Señor. Siempre prepárate para dar una respuesta a todos los que te pidan que des la razón de la esperanza que tienes.

Pero haga esto con gentileza y respeto, manteniendo la conciencia tranquila, para que aquellos que hablan maliciosamente contra su buen comportamiento en Cristo se avergüencen de su calumnia.

1 Pedro 3: 14-16

_____

_____

_____

_____

_____

_____

Siendo bendecido

~ INVITADOS INESPERADOS ~

¿NUNCA SABES CUÁNDO alguien se va a invitar a tu casa? ¿Cómo los recibirás?

Confiado en tu obediencia, te escribo, sabiendo que harás aún más de lo que te pido. Y una cosa más: prepáreme una habitación de invitados, porque espero que le sean devueltos en respuesta a sus oraciones.

Filemón 1: 21-22

Siendo bendecido

~ EGOÍSMO ~

Y ME DIRÉ A mí mismo: "Tienes muchos granos almacenados durante muchos años. Toma la vida con calma; come, bebe y diviértete ".

Pero Dios le dijo: '¡Necio! Esta misma noche se te exigirá tu vida. Entonces, ¿quién obtendrá lo que has preparado para ti?

Así será con quien almacene cosas para sí mismo pero no sea rico para Dios.

Lucas 12: 19-21

_____

_____

_____

_____

_____

_____

_____

_____

_____

_____

_____

Siendo bendecido

~ Destrucción retrasada ~

Es solo cuestión de tiempo antes de que este mundo sepa que llegará a su fin. Cada día en la tierra es simplemente otra oportunidad de la gracia de Dios.

¿Qué pasa si Dios, aunque eligió mostrar su ira y dar a conocer su poder, soportó con gran paciencia los objetos de su ira, preparados para la destrucción?

¿Qué pasaría si hiciera esto para dar a conocer las riquezas de su gloria a los objetos de su misericordia, a quienes preparó de antemano para la gloria, incluso a nosotros, a quienes también llamó, no solo de los judíos sino también de los gentiles?

Romanos 9: 22-24

_____

_____

_____

_____

_____

_____

_____

_____

Siendo bendecido

~ CUANDO DIOS TE PONE EN MARCHA ~

LA VIDA DE la reina Esther estaba en juego y Dios la usó para salvar a toda su raza de personas. Dios puso a Esther arriba. Amán y el Rey también fueron creados. Nunca podemos estar seguros de cómo Dios nos usará para su gloria. Cuando tiene un plan y lo pone en marcha, nada puede detenerlo.

Entonces el rey preguntó: "¿Qué pasa, reina Ester? ¿Cuál es su solicitud? Incluso hasta la mitad del reino, se te dará. "Si le agrada al rey", respondió Esther, "que el rey, junto con Amán, venga hoy a un banquete que he preparado para él". "Trae a Amán de inmediato", dijo el rey, "para que Mayo hagamos lo que Esther pide".

Entonces el rey y Amán fueron al banquete que Esther había preparado.

Ester 5: 3-5

_____

_____

_____

_____

_____

Siendo bendecido

~ LISTO O NO ~

COMPARTIR EL EVANGELIO es una obligación de todos y un privilegio bendecido.

En la presencia de Dios y de Cristo Jesús, quien juzgará a los vivos y a los muertos, y en vista de su aparición y su reino, les doy este encargo: Prediquen la palabra; estar preparado en temporada y fuera de temporada; corregir, reprender y alentar, con gran paciencia e instrucción cuidadosa.

Llegará el momento en que la gente no tolerará la sana doctrina. En cambio, para satisfacer sus propios deseos, reunirán a su alrededor a una gran cantidad de maestros para decir lo que sus oídos que pican quieren escuchar.

2 Timoteo 4: 1-3

_____

_____

_____

_____

_____

_____

_____

Siendo bendecido

Septiembre

LA PACIENCIA ES una virtud que muchos tienen el desafío de mantener. Se puede entender, lograr, recibir y ganar mucho cuando practicamos la paciencia.

¿Alguna vez te has encontrado frente al microondas deseando que se apresure y termine tu anticipación? Nos apresuramos por la vida y a veces incluso queremos apurar a Dios.

Pasará el mes construyendo su resistencia espiritual.

~ ESPERA ~

POR LO TANTO, dado que hemos sido justificados por la fe, tenemos paz con Dios a través de nuestro Señor Jesucristo, a través del cual hemos obtenido acceso por fe a esta gracia en la que ahora nos encontramos. Y nos jactamos de la esperanza de la gloria de Dios.

No solo eso, sino que también nos gloriamos en nuestros sufrimientos, porque sabemos que el sufrimiento produce perseverancia; perseverancia, carácter; y carácter, esperanza. Y la esperanza no nos avergüenza, porque el amor de Dios ha sido derramado en nuestros corazones a través del Espíritu Santo, que nos ha sido dado.

Romanos 5: 1-5

_____

_____

_____

_____

_____

_____

_____

_____

Siendo bendecido

~ PODER DE PERMANENCIA ~

NOSOTROS, LOS FUERTES, *debemos soportar las fallas de los débiles y no agradarnos a nosotros mismos. Cada uno de nosotros debería complacer a nuestros vecinos por su bien, para construirlos. Porque ni siquiera Cristo se agradó a sí mismo, sino, como está escrito: "Los insultos de los que te insultan han caído sobre mí". Porque todo lo que se escribió en el pasado fue escrito para enseñarnos, de modo que a través de la resistencia que se enseña en las Escrituras y el aliento que brindan, podríamos tener esperanza.*

Mayo, el Dios que da resistencia y aliento, les brinda la misma actitud mental hacia los demás que tuvo Cristo Jesús, de modo que con una sola mente y una sola voz, usted pueda glorificar al Dios y Padre de nuestro Señor Jesucristo.

Romanos 15: 1-6

Siendo bendecido

~ CONFIANZA EN CRISTO ~

NO HAY MAYOR paz que saber que la ayuda está en camino en el momento de la necesidad o en el momento de los problemas. No pierdas el corazón.

Así que no tires tu confianza; Será ricamente recompensado. Debes perseverar para que cuando hayas hecho la voluntad de Dios, recibas lo que él ha prometido.

Porque, en poco tiempo, el que viene vendrá y no se demorará.
Hebreos 10: 35-37

_____

_____

_____

_____

_____

_____

_____

_____

_____

Siendo bendecido

~ ¡UNA PELEA DE FE! ~

PONTE TUS GUANTES de boxeo espirituales y quédate las doce rondas completas.

Porque el amor al dinero es la raíz de todo mal: que si bien algunos codiciaron después, se han equivocado de la fe y se han atravesado con muchas penas.

Pero tú, oh hombre de Dios, huye de estas cosas; y sigue la justicia, la piedad, la fe, el amor, la paciencia, la mansedumbre.

Pela la buena batalla de la fe, aférrate a la vida eterna, a lo cual también eres llamado, y has profesado una buena profesión ante muchos testigos.

1 Timoteo 6: 10-12

_____

_____

_____

_____

_____

_____

_____

_____

Siendo bendecido

5 DE SEPTIEMBRE

~ EL INTÉRPRETE ~

ALABADO SEA DIOS por el Espíritu Santo durante esos momentos de oración cuando derramamos lágrimas, gemimos y gemimos o gemimos por las agonías y alegrías de nuestro corazón.

Porque en esta esperanza fuimos salvos. Pero la esperanza que se ve no es ninguna esperanza. ¿Quién espera lo que ya tienen? Pero si esperamos lo que aún no tenemos, lo esperamos con paciencia. Del mismo modo, el Espíritu nos ayuda en nuestra debilidad. No sabemos por qué debemos orar, pero el Espíritu mismo intercede por nosotros a través de gemidos sin palabras.
Romanos 8: 24-26

_____

_____

_____

_____

_____

_____

_____

_____

Siendo bendecido

~ SE ACERCA EL CAMBIO ~

JOB ERA UN hombre a quien Dios permitió que Satanás probara. En medio de sus pruebas, Job mantuvo su fe mientras esperaba pacientemente a que Dios lo liberara. Y aún hoy, Dios espera su creación.

Si alguien muere, ¿volverá a vivir? Todos los días de mi servicio duro esperaré a que llegue mi renovación.

Llamarás y te responderé; anhelarás la criatura que tus manos han hecho.

Job 14: 14-15

_____

_____

_____

_____

_____

_____

_____

_____

_____

_____

Siendo bendecido

~ DIOS ESTÁ ESCUCHANDO ~

MIL HUIRÁN ANTE *la amenaza de uno; a la amenaza de cinco, todos huirán, hasta que se queden como un asta de bandera en la cima de una montaña, como un estandarte en una colina.*

Sin embargo, el Señor anhela ser amable contigo; por lo tanto él se levantará para mostrarte compasión. Porque el SEÑOR es un Dios de justicia. ¡Bienaventurados todos los que lo esperan!

Gente de Sion, que vive en Jerusalén, no llorarás más. ¡Qué amable será cuando llores por ayuda! Tan pronto como escuche, te responderá.

Isaías 30: 17-19

_____

_____

_____

_____

_____

_____

_____

_____

Siendo bendecido

~ DIJE ESPERE ~

JUSTO CUANDO ESTÁS a punto de tirar las manos al aire y rendirte, Dios intervendrá y te redimirá de tu situación. Prepárate para el intercambio. Su resultado y su esperanza de mayo se resuelven como dos resultados completamente diferentes.

Queremos que cada uno de ustedes muestre esta misma diligencia hasta el final, para que lo que esperan de Mayo se haga realidad. No queremos que seas perezoso, sino que imites a aquellos que a través de la fe y la paciencia heredan lo prometido.

Cuando Dios hizo su promesa a Abraham, ya que no había nadie más grande para que él jurara, él juró solo, diciendo: "Seguramente te bendeciré y te daré muchos descendientes". Y así, después de esperar pacientemente, Abraham recibió lo prometido.

Hebreos 6: 11-15

_____

_____

_____

_____

_____

Siendo bendecido

~ CUANDO LA VIDA SE VUELVE RUIDOSA ~

ESTO ES LO que el Soberano SEÑOR, el Santo de Israel, dice: "En arrepentimiento y descanso es tu salvación, en quietud y confianza es tu fortaleza, pero no tendrías nada de eso. Dijiste: "No, huiremos a caballo". ¡Por lo tanto, huirás! Usted dijo: "Vamos a montar a caballo rápido". ¡Por lo tanto, sus perseguidores serán rápidos!

Mil huirán ante la amenaza de uno; A la amenaza de cinco, todos huirán, hasta quedar como un asta de bandera en la cima de una montaña, como un estandarte en una colina.

Sin embargo, el Señor anhela ser amable contigo; por lo tanto él se levantará para mostrarte compasión. Porque el SEÑOR es un Dios de justicia. ¡Bienaventurados todos los que lo esperan!
Isaías 30: 15-18

_____

_____

_____

_____

_____

_____

Siendo bendecido

~ EN EL TIEMPO DE DIOS ~

PERO NO OLVIDEN esto, queridos amigos: para el Señor un día es como mil años, y mil años son como un día.

El Señor no tarda en cumplir su promesa, ya que algunos entienden la lentitud. En cambio, es paciente contigo, no quiere que nadie perezca, sino que todos se arrepientan.

2 Pedro 3: 8-9

Siendo bendecido

11 DE SEPTIEMBRE

~ NO CONTENGAS LA RESPIRACIÓN ~

¿ALGUNA VEZ QUISISTE que Dios se moviera tan rápido que sentiste como si contuvieras la respiración? cuando lo soltaste, tu oración sería respondida en ese instante? Él puede actuar con rapidez, de hecho seguramente puedes mirar hacia atrás en tu vida y recordar un momento en que tu oración ya había sido respondida y no te habías dado cuenta. No puedes apurar a Dios, pero Él siempre llega a tiempo.

Porque la revelación espera un tiempo señalado; habla del final y no resultará falso. Aunque persista, espere; ciertamente vendrá y no se retrasará.

Habacuc 2: 3

_____

_____

_____

_____

_____

_____

_____

_____

Siendo bendecido

~ ¿CUÁNTO TIEMPO DURA LA SALVACIÓN? ~

PORQUE ES POR *gracia que han sido salvados, por la fe, y esto no es de ustedes mismos, es el regalo de Dios, no por obras, para que nadie pueda jactarse.*

Porque somos obra de Dios, creada en Cristo Jesús para hacer buenas obras, que Dios preparó de antemano para que nosotros hagamos.

Pero ahora en Cristo Jesús, ustedes que alguna vez estuvieron lejos, han sido acercados por la sangre de Cristo.

Efesios 2: 8-10 y 13

_____

_____

_____

_____

_____

_____

_____

_____

Siendo bendecido

~ Déjalo ir ~

NUESTRA CARNE PUEDE hacernos recordar cada circunstancia o situación en la que sentimos que otros nos han perjudicado. Aprietamos nuestros dientes y puños; arrugar nuestras caras, incluso tener un dolor de cabeza instantáneo ante la idea de perdonar a alguien.

Aquellos que son maduros en la fe no tienen que pensar cuando hemos ofendido a alguien más para ofrecer perdón. Ya sabemos cómo se siente ser perdonado.

Pero ya que no tenía que pagar, su señor le ordenó que lo vendieran, a su esposa e hijos, y todo lo que tenía, y el pago a realizar. El siervo se cayó y lo adoró, diciendo: Señor, ten paciencia conmigo, y te lo pagaré todo. Entonces el señor de ese sirviente se movió con compasión, lo soltó y le perdonó la deuda.
Mateo 18: 25-27

_____

_____

_____

_____

_____

_____

_____

Siendo bendecido

~ SÉ LA PERSONA MÁS GRANDE ~

A VECES TIENES QUE simplemente alejarte. Y cuando lo hagas, camina con confianza en tu fe. No hay "ganador" si te encuentras discutiendo con un tonto o luchando por una disculpa.

No es apropiado para un tonto vivir con lujo, ¡cuánto peor para un esclavo gobernar sobre príncipes!

La sabiduría de una persona produce paciencia; es para la gloria de uno pasar por alto una ofensa.
Proverbios 19: 10-11

_____

_____

_____

_____

_____

_____

_____

_____

_____

Siendo bendecido

~ Relájate ~

La extorsión convierte a una persona sabia en una tonta, y un soborno corrompe el corazón. El final de un asunto es mejor que su comienzo, y la paciencia es mejor que el orgullo.

No te provoques rápidamente en tu espíritu, porque la ira reside en el regazo de los tontos.

Eclesiastés 7: 7-9

Siendo bendecido

~ ROPA ESPIRITUAL ~

CUANDO PIENSO EN cuántas veces Cristo ha estado en la brecha en mi nombre, defendiendo mi caso ante Dios; cuantas veces me ha perdonado. ¿Cómo no puedo ponerme la prenda de tolerancia para los demás?

Aquí no hay gentiles o judíos, circuncidados o incircuncisos, bárbaros, escitas, esclavos o libres, pero Cristo es todo, y está en todos. Por lo tanto, como personas elegidas de Dios, santas y amadas, vístete de, de compasión, amabilidad, humildad, gentileza y paciencia.

Tengan paciencia y perdónense si alguno de ustedes tiene una queja contra alguien. Perdona como el Señor te perdonó.
Colosenses 3: 11-13

_____

_____

_____

_____

_____

_____

_____

Siendo bendecido

~ HAY UN PLAN ~

PORQUE TODO LO *que se escribió en el pasado fue escrito para enseñarnos, de modo que a través de la resistencia que se enseña en las Escrituras y el aliento que brindan, podríamos tener esperanza.*

Que el Dios que da resistencia y aliento les dé la misma actitud mental hacia los demás que tuvo Cristo Jesús, para que con una sola mente y una sola voz puedan glorificar al Dios y Padre de nuestro Señor Jesucristo.

Romanos 15: 4-6

_____

_____

_____

_____

_____

_____

_____

_____

_____

_____

Siendo bendecido

~ NO MATES A TU PROPIO TESTIGO ~

EL CRISTIANISMO NO es un ministerio; Es un estilo de vida. La forma en que vive su vida cotidiana podría ser la única biblia que alguien más pueda leer.

No ponemos obstáculos en el camino de nadie, para que nuestro ministerio no sea desacreditado. Más bien, como siervos de Dios, nos encomendamos en todos los sentidos: con gran resistencia; en problemas, dificultades y angustias; en palizas, encarcelamientos y disturbios; en trabajo duro, noches de insomnio y hambre; en pureza comprensión, paciencia y amabilidad; en el Espíritu Santo y en amor sincero; en palabras veraces y en el poder de Dios; con armas de justicia en la mano derecha y en la izquierda; a través de la gloria y la deshonra, mal informe y buen informe; genuino, pero considerado como impostores;

conocido, pero considerado como desconocido; muriendo, y aún vivimos; golpeado, y sin embargo no asesinado; triste, pero siempre alegre; pobre, pero enriqueciendo a muchos; no tener nada y, sin embargo, poseerlo todo.

2 Corintios 6: 3-10

Siendo bendecido

~ LA EDAD NO ES MÁS QUE UN NÚMERO ~

EL HECHO DE que alguien sea un anciano no significa que posea las características esperadas de Dios. Algunos adultos necesitan tanta enseñanza como algunos jóvenes.

Sin embargo, debe enseñar lo que es apropiado para la sana doctrina. Enseñe a los hombres mayores a ser templados, dignos de respeto, autocontrolados y sanos en la fe, en el amor y en la resistencia.

Del mismo modo, enseñe a las mujeres mayores a ser reverentes en su forma de vida, no a ser difamadoras o adictas a mucho vino, sino a enseñar lo que es bueno.

Tito 2: 1-3

_____

_____

_____

_____

_____

_____

_____

_____

Siendo bendecido

~ ¿QUÉ HAY EN TU BILLETERA ESPIRITUAL? ~

NO IMPORTA CUÁN grande sea nuestra cartera de inversiones o cuántas posesiones materiales tengamos; Si no hemos invertido en los frutos del espíritu, nuestra ganancia no es nada.

Porque el amor al dinero es una raíz de todo tipo de maldad. Algunas personas, ansiosas de dinero, se han alejado de la fe y se han perforado con muchas penas.

Pero tú, hombre de Dios, huye de todo esto y busca la justicia, la piedad, la fe, el amor, la resistencia y la gentileza. Pelea la buena batalla de la fe.

Aférrate a la vida eterna a la que fuiste llamado cuando hiciste tu buena confesión en presencia de muchos testigos.

1 Timoteo 6: 10-12

_____

_____

_____

_____

_____

_____

Siendo bendecido

~ ALGUIEN SIEMPRE ESTÁ MIRANDO ~

NUNCA SE SABE quién está orando por ti y observando el trabajo de tu reino. El mayor testamento de la Biblia y nuestra fe no es el que leemos, sino el que otros pueden ver a través de la forma en que vivimos.

Siempre agradecemos a Dios por todos ustedes y los mencionamos continuamente en nuestras oraciones. Recordamos ante nuestro Dios y Padre su trabajo producido por la fe, su trabajo impulsado por el amor y su resistencia inspirada por la esperanza en nuestro Señor Jesucristo.

Porque sabemos, hermanos y hermanas amados por Dios, que él los ha elegido a ustedes, porque nuestro evangelio vino a ustedes no solo con palabras sino también con poder, con el Espíritu Santo y una profunda convicción.

1 Tesalonicenses 1: 2-5

Siendo bendecido

~ SE NECESITA MÁS QUE "AFERRARSE" ~

PODEMOS ESTAR TAN ocupados con el trabajo de la iglesia que extrañamos el trabajo de la iglesia. ¿Cuándo fue la última vez que dijiste "Dios, te amo"?

Escribe al ángel de la iglesia en Éfeso: Estas son las palabras del que sostiene las siete estrellas en su mano derecha y camina entre los siete candeleros de oro. Conozco tus obras, tu arduo trabajo y tu perseverancia. Sé que no puedes tolerar a las personas malvadas, que has probado a los que dicen ser apóstoles pero no lo son y los has encontrado falsos. Has perseverado y soportado las dificultades por mi nombre y no te has cansado.

Sin embargo, sostengo esto en tu contra: Has abandonado el amor que tenías al principio.

Apocalipsis 2: 1-4

Siendo bendecido

~ 9-1-1 ~

¿ALGUNA VEZ TE has sentido tan enfermo que pensaste que iba a ser tu muerte? Job soportó una serie de pruebas desde la muerte de todos sus hijos, la pérdida de todas sus posesiones hasta una gran aflicción física y aún en medio de su sufrimiento, encontró consuelo al saber que no rechazaba a Dios.

Entonces aún tendría este consuelo, mi alegría en un dolor implacable, que no había negado las palabras del Santo.

¿Qué fuerza tengo para seguir esperando? ¿Qué perspectivas tengo de ser paciente? ¿Tengo la fuerza de la piedra? ¿Es mi carne bronce? ¿Tengo algún poder para ayudarme a mí mismo, ahora que el éxito me ha sido arrebatado?

Job 6: 10-13

_____

_____

_____

_____

_____

_____

_____

Siendo bendecido

~ AMIGOS Y ENEMIGOS ~

TRATAR CON ENEMIGOS puede ser lo suficientemente desafiante. También existen enemigos conocidos como "frein-i-mies". Esos enemigos que alguna vez pensaste que eran amigos. Estos parecen causar el peor tipo de dolor y enojo.

Hará que tu justa recompensa brille como el amanecer, tu vindicación como el sol del mediodía. Quédate quieto delante de Jehová y espera pacientemente por él; no te preocupes cuando las personas tienen éxito en sus caminos, cuando llevan a cabo sus planes malvados.

Abstenerse de ira y alejarse de la ira; no te preocupes, solo conduce al mal.

Salmo 37: 6-8

_____

_____

_____

_____

_____

_____

_____

_____

Siendo bendecido

~ ¡DÉJAME EXPLICAR! ~

ABOGAR POR SU *caso puede ser difícil cuando otros no quieren escuchar lo que tiene que decir.*

Rey Agripa, me considero afortunado de estar hoy delante de usted mientras defiendo todas las acusaciones de los judíos, y especialmente porque está familiarizado con todas las costumbres y controversias judías.

Por lo tanto, te ruego que me escuches con paciencia. Todo el pueblo judío sabe cómo he vivido desde que era niño, desde el comienzo de mi vida en mi propio país y también en Jerusalén.
Hechos 26: 2-4

Siendo bendecido

~ ATRAPADO EN EL MEDIO ~

SE NECESITA UNA persona fuerte para interponerse entre dos (o más) individuos discutiendo. Mediar, aconsejar y moderar es un regalo que solo puede venir de Dios.

Si alguna vez te encuentras "en el medio", permanece neutral y mantén tus propias emociones bajo control. No te dejes llevar a elegir un lado.

Una persona de mal genio suscita conflictos, pero el que es paciente calma una pelea.

Proverbios 15:18

_____

_____

_____

_____

_____

_____

_____

_____

Siendo bendecido

~ PACIENCIA + BONDAD = AMOR ~

TÓMESE EL TIEMPO para escuchar las necesidades de los demás. Dios podría usarlo para hacer un cambio en su situación ... simplemente escuchando.

Si doy todo lo que poseo a los pobres y entrego mi cuerpo a las dificultades que puedo presumir, pero no tengo amor, no gano nada.

El amor es paciente, el amor es amable. No envidia, no se jacta, no es orgulloso.

1 Corintios 14: 3-4

_____

_____

_____

_____

_____

_____

_____

_____

_____

Siendo bendecido

~ ¿CUÁL ES TU LLAMADO? ~

DIOS NOS HA llamado a cada uno de nosotros a grandes y poderosas obras por el bien de su reino. ¿Has puesto tus manos en el arado y empezaste tu trabajo? ¿Estás a mitad de camino o estás cerca del final de tu fila?

Donde quiera que se encuentre en la vida, todavía queda trabajo por hacer y debemos tratarnos como nos han mandado.

Como prisionero del Señor, le insto a que viva una vida digna del llamado que ha recibido.

Sé completamente humilde y gentil; tengan paciencia, tengan amor el uno con el otro. Haga todo lo posible para mantener la unidad del Espíritu a través del vínculo de la paz.

Efesios 4: 1-3

_____

_____

_____

_____

_____

_____

Siendo bendecido

~ LA COMUNIDAD CERRADA ~

CUANDO HAY PAZ entre cristianos hay un sentimiento de unidad. Es como si todos vivieran juntos en un entorno seguro. ¿Alguna vez has salido de la puerta de la paz? Quizás estabas recostado en la puerta conversando con alguien del otro lado. Sabes cuando han caído las puertas.

Ahora les pedimos, hermanos y hermanas, que reconozcan a aquellos que trabajan duro entre ustedes, que los cuidan en el Señor y que los amonestan. Mantenlos en la más alta estima en el amor debido a su trabajo. Vivir en paz unos con otros.

Y les instamos, hermanos y hermanas, a advertir a los que están ociosos y perturbadores, alentar a los desanimados, ayudar a los débiles, ser pacientes con todos. Asegúrese de que nadie paga mal por mal, pero siempre se esfuerza por hacer lo que es bueno el uno para el otro y para todos los demás.

1 Tesalonicenses 5: 12-15

_____

_____

_____

_____

_____

Siendo bendecido

~ El poder perpetuo de Dios ~

ES MARAVILLOSO SABER que el poder de Dios es interminable. Nunca se desvanecerá, llegará tarde o disminuirá su fuerza. ¡Su poder es eterno!

Que la gloria de Jehová perdure para siempre; Que el SEÑOR se regocije en sus obras: el que mira la tierra, y ésta tiembla, la que toca las montañas y fuman.

Salmo 104: 31-32

_____

_____

_____

_____

_____

_____

_____

_____

_____

_____

Siendo bendecido

Octubre

E L CONOCIMIENTO Y la comprensión serán la concentración central para el mes. Hay una diferencia entre pensar que sabes y saber.

Dios desea que no vivamos una vida de ignorancia. Él anticipa que obtengamos el pleno conocimiento de Su palabra.

1 DE OCTUBRE

~ COMPRENSIÓN ~

LOS NIÑOS PUEDEN poseer sabiduría más allá de sus años y confundir incluso a los más viejos.

Pensé: 'La edad debería hablar; los años avanzados deberían enseñar sabiduría".

Pero es el espíritu en una persona, el aliento del Todopoderoso lo que les da entendimiento. No solo los viejos son los sabios, no solo los viejos los que entienden lo que es correcto.

Job 32: 7-9

_____

_____

_____

_____

_____

_____

_____

_____

_____

_____

Siendo bendecido

~ NO PUDE AYUDARME ~

¡TEN LA ÚLTIMA palabra! ¡Demuestra tu punto! ¡Sácalo de tu pecho! ¡Da un pedazo de tu mente! Siempre hacemos cosas que pueden hacernos parecer egoístas, tontos o ignorantes e impíos.

Incluso en las situaciones más difíciles, haz y di todo como al Señor.

Una persona hostil persigue fines egoístas y, contra todo buen juicio, comienza disputas. Los tontos no encuentran placer en comprender pero se deleitan en expresar sus propias opiniones. Cuando viene la maldad, también lo hace el desprecio, y con la vergüenza viene el reproche.

Las palabras de la boca son aguas profundas, pero la fuente de la sabiduría es una corriente que corre.

Proverbios 18: 1-4

_____

_____

_____

_____

_____

_____

Siendo bendecido

~ RIQUEZAS ~

QUÉ VALORAS MÁS? Salomón fue uno de los hombres más ricos, pero le pidió a Dios sabiduría.

Elija mi instrucción en lugar de plata, conocimiento en lugar de elegir oro; porque la sabiduría es más preciosa que los rubíes, y nada de lo que deseas puede compararse con ella.

Yo, la sabiduría, habito junto con la prudencia; Poseo conocimiento y discreción.

Proverbios 8: 10-12

_____

_____

_____

_____

_____

_____

_____

_____

_____

_____

Siendo bendecido

~ MÁS SANTA QUE TÚ ~

Es el deseo de Dios que lo experimentemos completamente espiritualmente. A medida que surgen los frutos del espíritu y ejercitamos nuestra fe, Dios aumenta. Aumento de áreas que no se pueden medir o explicar. El resultado solo puede atribuirse a nuestro Dios y Rey. A medida que avanzas en Dios, comprende Su mayor mandamiento, amar.

Si hablo en lenguas de hombres o de ángeles, pero no tengo amor, solo soy un gong rotundo o un platillo que resuena. Si tengo el don de profecía y puedo comprender todos los misterios y todos los conocimientos, y si tengo una fe que puede mover montañas, pero no tengo amor, no soy nada.

1 Corintios 13: 1-2

_____

_____

_____

_____

_____

_____

_____

_____

Siendo bendecido

~ JOYAS PRECIOSAS ~

TENEMOS UNA GRAN paz al saber que la palabra de Dios es verdadera. No hay nada engañoso o dudoso. Cada promesa que cumplirá.

Todas las palabras de mi boca son justas; ninguno de ellos es torcido o perverso. Para los más exigentes, todos tienen razón; son rectos para aquellos que han encontrado conocimiento.

Elige mi instrucción en lugar de plata, conocimiento en lugar de elegir oro, porque la sabiduría es más preciosa que los rubíes, y nada de lo que desees se puede comparar con ella.
Proverbios 8: 8-11

_____

_____

_____

_____

_____

_____

_____

_____

Siendo bendecido

~ NAVEGACIÓN ESPIRITUAL ~

ES DIOS QUIEN debe guiarnos. ¿Has visto la pegatina para el parachoques "Dios es mi copiloto"? Puedo entender el concepto de Dios estando a mi lado, pero el mensaje que también implica es que Dios no tiene el control.

Es obvio que Dios tiene su propia dirección para nosotros. ¿Confías en que Él te guiará incluso cuando no conoces el destino?

Los pasos de una persona son dirigidos por el Señor. ¿Cómo puede alguien entender su propio camino?
Proverbios 20:24

_____

_____

_____

_____

_____

_____

_____

_____

_____

Siendo bendecido

~ TEME A DIOS ~

UNA COSA ES tener miedo y otra es tener reverencia. El Padre desea que nos amemos a la obediencia, no que nos la imponga.

Sé que todo lo que Dios hacedurará para siempre; no se le puede agregar nada ni quitarle nada. Dios lo hace para que la gente lo tema.

Eclesiastés 3:14

Siendo bendecido

8 DE OCTUBRE
~ SENTIMIENTOS ~

CUANDO LA VIDA parece no ir "a nuestra manera", Mayo se pregunta "¿He hecho algo mal?" Job sintió lo mismo y le preguntó al Señor:

Enséñame y me callaré; muéstrame dónde me he equivocado.
Job 6:24

Cuestionar si hemos cometido un error es la mitad de la batalla. ¡Tener la sabiduría y la humildad para sentir que algo no está bien es la victoria!

_____

_____

_____

_____

_____

_____

_____

_____

_____

_____

Siendo bendecido

~ ¿ERES MÁS FUERTE QUE UNA MULA?~

No SEAS COMO el caballo o la mula, que no entienden pero que deben ser controlados con mordida o brida o no vendrán a ti.

Muchos son los males de los impíos, pero el amor inagotable del Señor rodea al que confía en él.

Salmo 32: 9-10

_____

_____

_____

_____

_____

_____

_____

_____

_____

_____

_____

Siendo bendecido

~ Ojos cubiertos y oídos tapados ~

Los discípulos se acercaron a él y le preguntaron: "¿Por qué hablas con la gente en parábolas?"

Él respondió: "Porque el conocimiento de los secretos del reino de los cielos te ha sido dado, pero no a ellos. Al que tiene se le dará más, y tendrá en abundancia. Quien no tiene, incluso lo que tienen, se les quitará. Por eso les hablo en parábolas:

Aunque viendo, no ven; aunque oyen, no oyen ni entienden. En ellos se cumple la profecía de Isaías: siempre oirás pero nunca entenderás; siempre verás pero nunca percibirás. Pero benditos son tus ojos porque ven, y tus oídos porque oyen.

Mateo 13: 10-14 y 16

_____

_____

_____

_____

_____

_____

_____

Siendo bendecido

~ NO ES SORPRESA ~

RECIBIR UN REGALO inesperado puede generar incertidumbre al determinar quién fue el donante. Con respecto a Dios y los dones espirituales, no hay duda de quién es el dador. Entienda esto, Dios dio los dones y espera que sean usados.

Ahora, acerca de los dones del Espíritu, hermanos y hermanas, no quiero que estén desinformados. Sabes que cuando eras paganos, de alguna manera u otra, te influenciaban y te desviaban a silenciar ídolos. Por lo tanto, quiero que sepan que nadie que está hablando por el Espíritu de Dios dice: "Jesús sea maldecido", y nadie puede decir: "Jesús es el Señor", excepto por el Espíritu Santo.

Hay diferentes tipos de dones, pero el mismo Espíritu los distribuye. Hay diferentes tipos de servicio, pero el mismo Señor. Hay diferentes tipos de trabajo, pero en todos ellos y en todos es el mismo Dios en el trabajo. Ahora a cada uno se le da la manifestación del Espíritu para el bien común.

1 Corintios 12: 1-7

_____

_____

_____

_____

Siendo bendecido

~ ANCIANOS Y MAESTROS ~

TANTO LOS NIÑOS como los adultos necesitan a alguien en quien puedan confiar para obtener buenos consejos. Es maravilloso saber que Dios colocará incluso a un niño en el liderazgo.

Entonces todo el pueblo de Judá tomó a Uzías, que tenía dieciséis años, y lo hizo rey en lugar de su padre Amasías. Él fue quien reconstruyó a Elath y lo restauró a Judá después de que Amasías descansó con sus antepasados.

Uzías tenía dieciséis años cuando comenzó a reinar, y reinó en Jerusalén cincuenta y dos años. El nombre de su madre era Jekoliah; ella era de Jerusalén. Hizo lo correcto ante los ojos de Jehová, tal como lo había hecho su padre Amasías. Buscó a Dios durante los días de Zacarías, quien lo instruyó en el temor de Dios. Mientras buscó al Señor, Dios le dio éxito.

2 Crónicas 26: 1-5

Siendo bendecido

~ ¿DÓNDE ESTÁ? ~

A MENUDO EXTRAVIAMOS MUCHAS cosas: llaves, billeteras, anteojos, joyas ... lo que sea.

¿Pero dónde se puede encontrar la sabiduría? ¿Dónde habita la comprensión?

Ningún mortal comprende su valor; no se puede encontrar en la tierra de los vivos. El abismo dice: "No está en mí"; el mar dice: "No es conmigo".

Y Dios le dijo a la raza humana: El temor del Señor, eso es sabiduría, y evitar el mal es entendimiento.

Job 28: 12-14 y 28

_____

_____

_____

_____

_____

_____

_____

_____

Siendo bendecido

~ LUCHAS ~

No SIEMPRE ES fácil VIVIR la Palabra. Cuando experimentas tribulaciones, lo mejor es pedir ayuda. Solicitar ayuda es un signo de fortaleza, no de debilidad.

Enséñame, SEÑOR, el camino de tus decretos, que puedo seguirlo hasta el final. Dame entendimiento para que pueda cumplir tu ley y obedecerla con todo mi corazón. Dirígeme en el camino de tus órdenes, porque allí encuentro deleite.

Salmo 119: 33-35

_____

_____

_____

_____

_____

_____

_____

_____

_____

_____

Siendo bendecido

~ Liderazgo exitoso ~

SER UN LÍDER efectivo de cualquier estatura requiere gran perseverancia, paciencia y humildad.

Dios nos confía su palabra, su poder y sus hijos. Independientemente de la posición que ocupe, ya sea líder o seguidor, permita que Dios lo guíe primero.

Ahora, hijo mío, el Señor esté contigo, y que tengas éxito y construyas la casa del Señor tu Dios, como él dijo que lo harías. Que el Señor te dé discreción y comprensión cuando te ponga al mando sobre Israel, para que puedas guardar la ley del Señor tu Dios.

Entonces tendrá éxito si tiene cuidado de observar los decretos y leyes que el SEÑOR le dio a Moisés para Israel. Se fuerte y valiente. No tengas miedo ni te desanimes.

1 Crónicas 22: 11-13

_____

_____

_____

_____

_____

Siendo bendecido

~ SE BUSCA AYUDA ~

CUANDO NECESITE AYUDA, elija su ayuda de acuerdo con la palabra de Dios.

¿Pero cómo puedo soportar sus problemas y sus cargas y sus disputas por mí mismo? Elige hombres sabios, comprensivos y respetados de cada una de tus tribus, y los pondré sobre ti.

Me respondiste: "Lo que te propones hacer es bueno".
Deuteronomio 1: 12-13

_____

_____

_____

_____

_____

_____

_____

_____

_____

_____

Siendo bendecido

~ MÁS VIEJO Y MÁS SABIO ~

SE HA DICHO que deberíamos aprender de las lecciones de la vida. Cuanto más envejecemos, más debemos saber ... esto es lo que se "espera". ¿Estás aprendiendo? ¿Has apartado la necedad?

¿No prueba el oído las palabras ya que la lengua prueba la comida?

¿No se encuentra la sabiduría entre los ancianos? ¿La larga vida no trae entendimiento?

A Dios pertenece la sabiduría y el poder; El consejo y la comprensión son suyos.

Job 12: 11-13

Siendo bendecido

~ TOME UNA DECISIÓN INFORMADA ~

CUANDO NO NOS sometemos a Dios, tendemos a querer tener nuestro pastel y comerlo también. Debemos hacer una elección. Cuando elegimos la impiedad, debemos prepararnos para aceptar las consecuencias. Elegí la justicia.

Además, así como no creían que valiera la pena retener el conocimiento de Dios, Dios los entregó a una mente depravada, para que hagan lo que no se debe hacer. Se han llenado de todo tipo de maldad, maldad, avaricia y depravación.

Están llenos de envidia, asesinatos, conflictos, engaños y malicia. Son chismosos, calumniadores, que odian a Dios, insolentes, arrogantes y jactanciosos; inventan formas de hacer el mal; desobedecen a sus padres; no tienen entendimiento, ni fidelidad, ni amor, ni piedad.

Aunque conocen el justo decreto de Dios de que quienes hacen tales cosas merecen la muerte, no solo continúan haciendo estas mismas cosas sino que también aprueban a quienes las practican.

Romanos 1: 28-32

Siendo bendecido

~ SEPA DÓNDE MIRAR ~

ESTÁ BIEN BUSCAR a otros como guía. Sin embargo, Dios proporciona la respuesta a cada pregunta en la vida. El Espíritu Santo podría revelar la respuesta a través de otro creyente perspicaz.

Buscan las fuentes de los ríos y sacan a la luz cosas ocultas.

¿Pero dónde se puede encontrar la sabiduría? ¿Dónde habita la comprensión?

Ningún mortal comprende su valor; no se puede encontrar en la tierra de los vivos.

Job 28: 11-13

_____

_____

_____

_____

_____

_____

_____

_____

Siendo bendecido

~ LAS MANOS DE UN DIOS ENOJADO ~

La sociedad está sacando a Dios a diario. Somos bendecidos de que no haya borrado el mundo de un solo golpe. Las leyes de la tierra, las escuelas e incluso el gobierno intentan implacablemente eliminar cualquier pensamiento o imagen de Dios.

¡Ay de nosotros si olvidamos a nuestro Creador!

"Esconderé mi rostro de ellos", dijo, y veré cuál será su final; porque son una generación perversa, niños que son infieles. Me pusieron celoso por lo que no es dios y me enojaron con sus ídolos sin valor. Los haré envidiar por aquellos que no son un pueblo; Los haré enojar por una nación que no tiene entendimiento. Porque mi ira encenderá un fuego que arderá hasta el reino de los muertos de abajo. Devorará la tierra y sus cosechas e incendiará los cimientos de las montañas.
Deuteronomio 32: 20-22

_____

_____

_____

_____

_____

Siendo bendecido

~ CREATIVIDAD ~

ALGUNAS PERSONAS SABEN *cómo ealizer una variedad de artículos. Es ealizer que no hayan recibido capacitación formal, pero la capacidad de "hacer" simplemente reside en ellos.*

¿Qué regalo (s) tienes?

Entonces Moisés dijo a los israelitas: "Mira, el SEÑOR ha elegido a Bezalel hijo de Uri, el hijo de Hur, de la tribu de Judá, y lo ha llenado con el Espíritu de Dios, con sabiduría, con entendimiento, con conocimiento y con todo tipo de habilidades para hacer diseños artísticos para trabajos en oro, plata y bronce, para cortar y colocar piedras, para trabajar en madera y para ealizer todo tipo de artesanías artísticas.

Éxodo 35: 30-31

_____

_____

_____

_____

_____

_____

_____

_____

Siendo bendecido

~ ¿CUÁN PROFUNDO ES TU AMOR? ~

DIOS REQUIERE TODO nuestro amor. El amor superficial no es suficiente para lograr el trabajo del Reino.

Uno de los maestros de la ley vino y los escuchó debatir. Al darse cuenta de que Jesús les había dado una buena respuesta, le preguntó: "De todos los mandamientos, ¿cuál es el más importante?"

"El más importante", respondió Jesús, "es esto:'Escucha, Israel: El Señor nuestro Dios, el Señor es uno. Ama al Señor tu Dios con todo tu corazón y con toda tu alma y con toda tu mente y con todas tus fuerzas". La segunda es esta:" Ama a tu prójimo como a ti mismo ". No hay mandamiento mayor que estos".

Marcos 12: 28-31

Siendo bendecido

~ ALÉJATE DEL CAMINO DE DIOS ~

LA RENDICIÓN TOTAL no es tarea fácil. Saber que podemos llevar cada situación a Dios es el mayor consuelo que podemos tener en tiempos de problemas o angustia. Al llevarle el problema a Él, estemos dispuestos a dejarlo con Él.

No ponemos obstáculos en el camino de nadie, para que nuestro ministerio no sea desacreditado. Más bien, como siervos de Dios, nos encomendamos en todos los sentidos: con gran resistencia; en problemas, dificultades y angustias; en palizas, encarcelamientos y disturbios; en trabajo duro, noches de insomnio y hambre; en pureza, comprensión, paciencia y amabilidad; en el Espíritu Santo y en amor sincero; en palabras veraces y en el poder de Dios; con armas de justicia en la mano derecha y en la izquierda.

2 Corintios 6: 3-7

Siendo bendecido

~ ¡NO ES DE EXTRAÑAR QUE NO PUEDAS PENSAR CON CLARIDAD! ~

EL PECADO PUEDE volverse poderoso cuando nos permitimos fingir que no escuchamos las reprimendas de nuestro Señor o ignoramos la convicción que sentimos cuando nuestros pecados nos son arrojados. Mientras más tiempo rechacemos a Dios, peor será nuestra mente.

Así que te digo esto, e insisto en que en el Señor, ya no debes vivir como lo hacen los gentiles, en la inutilidad de su pensamiento. Se oscurecen en su comprensión y se separan de la vida de Dios debido a la ignorancia que hay en ellos debido al endurecimiento de sus corazones. Habiendo perdido toda sensibilidad, se han entregado a la sensualidad para disfrutar de todo tipo de impurezas, y están llenos de codicia.

Efesios 4: 17-19

Siendo bendecido

~ ORA POR ALGUIEN MÁS ~

PAUL ORÓ POR muchos incluso mientras estaba encarcelado e inseguro por su propia vida. Él continuamente animaba a otros y rezaba por personas que no conocía. Hoy, ¿por quién rezarás?

Quiero que sepas lo difícil que estoy luchando por ti y por aquellos en Laodicea, y por todos los que no me han conocido personalmente. Mi objetivo es que puedan ser alentados en el corazón y unidos en el amor, para que puedan tener toda la riqueza de la comprensión completa, a fin de que puedan conocer el misterio de Dios, a saber, Cristo, en quien están escondidos todos los tesoros de sabiduría y conocimiento

Colosenses 2: 1-3

_____

_____

_____

_____

_____

_____

_____

_____

Siendo bendecido

~ Tiempo de estudio ~

Es bueno conversar y estudiar la palabra de Dios con otros. ¿Cuándo fue la última vez que estudiaste en la Biblia o en la escuela dominical? Seguramente tu presencia hace la diferencia. Podemos aprender mucho el uno del otro.

Ruego que su asociación con nosotros en la fe pueda ser efectiva para profundizar su comprensión de todo lo bueno que compartimos por el bien de Cristo. Tu amor me ha dado una gran alegría y aliento, porque tú, hermano, has refrescado los corazones del pueblo del Señor.

Filemón 1: 6-7

_____

_____

_____

_____

_____

_____

_____

_____

_____

Siendo bendecido

~ BAJO LA INFLUENCIA ~

JESÚS VINO PARA que tengamos vida y tengamos vida en abundancia. Los cristianos conocen su voz y lo siguen. ¿Estás totalmente comprometido con Cristo y siguiendo Su guía o estás operando bajo la guía del enemigo?

Sabemos que somos hijos de Dios y que el mundo entero está bajo el control del maligno. También sabemos que el Hijo de Dios ha venido y nos ha dado entendimiento, para que podamos conocer al que es verdadero. Y estamos en aquel que es verdadero al estar en su Hijo Jesucristo. El es el Dios verdadero y la vida eterna.

Queridos hijos, guardaos de los ídolos.
1 Juan 5: 19-21

_____

_____

_____

_____

_____

_____

_____

Siendo bendecido

~ Un trabajo que hacer ~

Adán y Eva tuvieron una petición de Dios: ¡solo una! Debido a su desobediencia, el mundo cambió para siempre.

El hombre ha luchado desde el principio de los tiempos en honor a Dios y sus mandamientos. Si has fallado en algo, no eres el primero y ciertamente no serás el último.

Ser alentado.

Y el SEÑOR Dios le ordenó al hombre: "Eres libre de comer de cualquier árbol en el jardín; pero no debes comer del árbol del conocimiento del bien y del mal, porque cuando comas de él ciertamente morirás".

Génesis 2: 16-17

_____

_____

_____

_____

_____

_____

_____

_____

Siendo bendecido

~ SIEMPRE BIENVENIDO ~

NUESTRO DIOS ES un dios de la restauración. Perdona a un corazón arrepentido y nos saluda con amor y misericordia.

Haz bien a tu siervo conforme a tu palabra, SEÑOR.

Enséñame conocimiento y buen juicio, porque confío en tus mandamientos. Antes de que me afligiera me extravió, pero ahora obedezco tu palabra.

Salmo 119: 65-67

_____

_____

_____

_____

_____

_____

_____

_____

_____

_____

Siendo bendecido

~ CRIANZA ~

¡CRIAR A UN niño es un desafío! Los niños nacen en este mundo sin un manual de instrucciones. Muchos padres hacen todo lo posible para cuidar y mantener a sus hijos lo mejor que pueden.

No se desanime cuando su hijo lo desobedezca e intente descubrir la vida por su cuenta. Cuando tenías su edad, ¿qué hiciste?

El temor de Jehová es el principio del conocimiento, pero el necio desprecia la sabiduría y la instrucción. Escucha, hijo mío, las instrucciones de tu padre y no abandones las enseñanzas de tu madre.

Proverbios 1: 7-8

_____

_____

_____

_____

_____

_____

_____

_____

Siendo bendecido

~ ¡HAY PODER EN PAZ! ~

CUALQUIERA SEA LA circunstancia que enfrentes hoy; Independientemente de lo que haya estado orando o de la respuesta que espera, reciba la paz. Permita que esa paz lo lleve durante todo el día. Sepa que Dios está con usted y ha escuchado su súplica.

No se preocupe por nada, pero en cada situación, por oración y petición, con acción de gracias, presente sus peticiones a Dios. Y la paz de Dios, que trasciende todo entendimiento, guardará sus corazones y sus mentes en Cristo Jesús.

Filipenses 4: 6-7

Siendo bendecido

Noviembre

LAS PROMESAS DE Dios están llenas de abundantes bendiciones. Es el deseo de Dios que experimentemos plenamente la vida en grandeza. Su grandeza

El Señor tiene nuestros mejores intereses en el corazón. Está listo para liberarnos una abrumadora medida de bondad. Su bondad no se mide solo en lo materialista sino que incluye buena salud; alegría, una mente sana; paz; poder cuidar de nosotros mismos o tener a alguien que nos cuide si es necesario.

La lista de tus bendiciones es innumerable. Si comienza a contar sus bendiciones, asegúrese de avisarle a alguien cuando las haya enumerado todas.

~ INTEGRIDAD ~

¿ALGUNA VEZ HAS tenido la tentación de aprovecharte de otra persona o lo has hecho sin querer? Al enemigo le encanta hacer tropezar a un cristiano cada vez que tiene la oportunidad. No te dejes atrapar por el sinsentido de la manipulación. Guarda tu testimonio y tus bendiciones. Tenga en cuenta la compañía que mantiene.

Bienaventurado el que no camina al paso de los impíos ni se interpone en el camino que los pecadores toman o se sientan en compañía de burladores, pero cuyo deleite está en la ley del Señor, y que medita en su ley día y noche.

Salmo 1: 1-2

_____

_____

_____

_____

_____

_____

_____

_____

Siendo bendecido

~ ¡OCUPADA! ~ ¡OCUPADO! ~

LA PALABRA DE Dios dice: si no trabajas, no comes. Aún así, el trabajo puede ser una tarea dolorosa para algunas personas mientras que otras disfrutan mucho de su ocupación; terminando un arduo día sin un solo murmullo o refunfuño. Dios recompensa la fidelidad con más que un cheque de pago.

Los que trabajan su tierra tendrán abundante comida, pero los que persiguen las fantasías se llenarán de pobreza. Una persona fiel será muy bendecida, pero una persona ansiosa por hacerse rica no quedará impune. Mostrar parcialidad no es bueno; sin embargo, una persona hará mal por un pedazo de pan.

Proverbios 28: 19-21

_____

_____

_____

_____

_____

_____

_____

_____

_____

Siendo bendecido

~ Habla fácil ~

Abrimos la boca y cantamos alabanzas. Leemos la palabra de Dios audiblemente. Usamos esa misma boca para hablar blasfemias y maldecir a nuestros hermanos y hermanas.

Agarra tus emociones, pensamientos y, sobre todo, tu lengua.

De una misma boca vienen bendición y maldición. Mis hermanos y hermanas, esto no debería ser.
Santiago 3:10

———————————————————

———————————————————

———————————————————

———————————————————

———————————————————

———————————————————

———————————————————

———————————————————

———————————————————

Siendo bendecido

~ PACIENCIA + SABIDURÍA = BENDICIONES ~

MIRANDO A SUS discípulos, dijo:

"Bienaventurados los pobres, porque de ustedes es el reino de Dios. Bienaventurados los que tienen hambre ahora, porque estarán satisfechos. Bienaventurados los que lloran ahora, porque te reirás. Bendito seas cuando la gente te odia, cuando te excluyen y te insultan y rechazan tu nombre como malvado, por el Hijo del Hombre".

Lucas 6: 20-22

_____

_____

_____

_____

_____

_____

_____

_____

_____

Siendo bendecido

~ TENGA SU PASAPORTE LISTO ~

¡NO HAY DUDA de ello! Todo es posible con Dios. Cuando nos dirigimos a un territorio espiritual inexplorado, podemos sentir ansiedad o temor. Tendemos a olvidar: Dios nunca le ha asignado una misión para la que aún no ha equipado a Su Siervo. Ser obediente. Haz la maleta. Donde quiera que vayas, Dios ya está allí.

Si obedeces completamente al SEÑOR tu Dios y sigues cuidadosamente todos los mandamientos que te doy hoy, el SEÑOR tu Dios te pondrá por encima de todas las naciones de la tierra. Todas estas bendiciones vendrán sobre ti y te acompañarán si obedeces al Señor tu Dios: Serás bendecido en la ciudad y bendecido en el país.

Deuteronomio 28: 1-3

_____

_____

_____

_____

_____

_____

_____

_____

Siendo bendecido

6 DE NOVIEMBRE
~ Es un paquete completo ~

ABRAZA LA PLENITUD de la Biblia. Todo lo que Dios dijo, lo quiso decir.

Después, Joshua leyó todas las palabras de la ley, las bendiciones y las maldiciones, tal como está escrito en el Libro de la Ley. No había una palabra de todo lo que Moisés había mandado que Josué no leyó a toda la asamblea de Israel, incluidas las mujeres y los niños, y los extranjeros que vivían entre ellos.

Josué 8: 34-35

_____

_____

_____

_____

_____

_____

_____

_____

_____

_____

Siendo bendecido

~ ¿QUÉ HAY EN UN NOMBRE? ~

¿ALGUIEN TE HA llamado por el nombre equivocado? Es importante que se otorgue el reconocimiento correcto en todas las circunstancias.

¿Cómo te llaman otras personas cuando no estás cerca? Esa es una pregunta casi imposible de responder. No puedes controlar lo que otros piensan de ti, pero puedes controlar lo que les das para que piensen.

Las bendiciones coronan la cabeza de los justos, pero la violencia abruma la boca de los impíos. El nombre del justo se usa en las bendiciones, pero el nombre del impío se pudrirá. Los sabios de corazón aceptan órdenes, pero un tonto parlanchín se arruina.

Proverbios 10: 6-8

Siendo bendecido

~ ¡UNCIÓN CURATIVA! ~

NO HAY NADA demasiado difícil para Dios. Jesús constantemente experimentó la unción de Dios. Si tan solo creyéramos realmente hoy, Dios todavía podría hacer milagros de esta magnitud y que podría usar a una persona para bendecir a tantos a la vez. Cuán bendecidos seremos como pueblo cuando eliminemos toda duda sobre la capacidad de Dios.

Bajó con ellos y se paró en un lugar nivelado. Una gran multitud de sus discípulos estaba allí y una gran cantidad de personas de todo Judea, de Jerusalén y de la región costera alrededor de Tiro y Sidón, que habían venido a escucharlo y a curarse de sus enfermedades. Aquellos preocupados por espíritus impuros fueron curados, y todas las personas trataron de tocarlo, porque el poder venía de él y los curaba a todos.

Lucas 6: 17-19

Siendo bendecido

~ ¡ENCAJE! ~

A TRAVÉS DE JESÚS, el Padre se convirtió en todo. Él está en todo, a través de todo y en todo. Pon los pies en el camino para convertirte en todo lo que Él desea que seas.

Para los débiles me volví débil, para ganar a los débiles. Me he convertido en todo para todas las personas para que, por todos los medios posibles, pueda salvar algunas. Hago todo esto por el bien del evangelio para compartir sus bendiciones. ¿No sabes que en una carrera todos los corredores corren, pero solo uno recibe el premio? Corre de tal manera que consigas el premio.
1 Corintios 9: 22-24

Siendo bendecido

~ Matemáticas de Dios ~

¿SABES LO QUE Dios te tiene reservado? ¿Ha hecho promesas que aún no has visto cumplidas? ¿Has recordado todas las promesas o te has impaciente, olvidado y renunciado?

Cuando Dios hizo su promesa a Abraham, ya que no había nadie más grande para que él jurara, él juró solo, diciendo: "Seguramente te bendeciré y te daré muchos descendientes". Y así, después de esperar pacientemente, Abraham recibió lo prometido.

Las personas juran por alguien más grande que ellos, y el juramento confirma lo que se dice y pone fin a toda discusión. Debido a que Dios quería dejar muy clara a los herederos la naturaleza inmutable de su propósito, lo confirmó con un juramento. Dios hizo esto para que, por dos cosas inmutables en las que es imposible que Dios mienta, nosotros, los que hemos huido para aferrarnos a la esperanza que tenemos ante nosotros, Mayo, nos sentimos muy alentados.

Hebreos 6: 13-18

_____

_____

_____

_____

_____

Siendo bendecido

~ ¿DIJISTE "GRACIAS"? ~

CADA DÍA DE vida es una bendición. Si puedes leer esto tú mismo, eres bendecido. Si alguien te lo está leyendo y puedes escuchar, eres bendecido. A menudo damos por sentado a Dios por las simplicidades de la vida.

Alabado sea el Señor, alma mía; Todo mi ser íntimo, alabado sea su santo nombre.

Alabado sea el SEÑOR, alma mía, y no olvides todos sus beneficios: quien perdona todos tus pecados y sana todas tus enfermedades, quien redime tu vida del pozo y te corona con amor y compasión, quien satisface tus deseos con cosas buenas para que tu La juventud se renueva como la del águila.

Salmo 103: 1-5

———————————————————

———————————————————

———————————————————

———————————————————

———————————————————

———————————————————

———————————————————

———————————————————

Siendo bendecido

~ DESTINADO A LA GRANDEZA! ~

SI USTED ES un veterano militar, lo saludamos y le damos las gracias por su servicio a nuestro país. Si conoce a un veterano, asegúrese de agradecerle. No todos sacrificarán su vida por el bien de los demás.

Nadie tiene mayor amor que este: dar la vida por los amigos.
Juan 15:13

_____

_____

_____

_____

_____

_____

_____

_____

_____

_____

_____

Siendo bendecido

~ ADIVINA QUIÉN VIENE A CENAR ~

EL DÍA DE Acción de Gracias está a la vuelta de la esquina. Habrá muchas oportunidades de ministerio dentro de las comunidades. ¿Dónde vas a ayudar?

Es posible que esté en condiciones de necesitar una bendición este año. Cualquier estado en el que se encuentre en Dios puede hacer cualquier cosa menos fallar, y todas las gracias le pertenecen.

El más joven le dijo a su padre: "Padre, dame mi parte de la propiedad". Entonces dividió su propiedad entre ellos. No mucho después de eso, el hijo menor se reunió todo lo que tenía, partió hacia un país lejano y allí desperdició su riqueza en la vida salvaje. Después de haberlo gastado todo, hubo una gran hambruna en todo el país y comenzó a necesitarlo.

Lucas 15: 12-14

Siendo bendecido

~ Nuestro Pastor ~

Dios te ama mucho. Él sabe exactamente dónde estás y todo lo que estás soportando. Él sabe todo lo que necesitas y dijo que lo proporcionaría.

Porque esto es lo que dice el Soberano SEÑOR: Yo mismo buscaré mis ovejas y las cuidaré. 'Haré un pacto de paz con ellos y libraré a la tierra de bestias salvajes para que puedan vivir en el desierto y dormir en los bosques con seguridad. Haré de ellos y de los lugares que rodean mi colina una bendición. Enviaré duchas de temporada; habrá lluvias de bendición".

Ezequiel 34:11, 25-26

_____

_____

_____

_____

_____

_____

_____

_____

_____

_____

Siendo bendecido

~ REPUTACIÓN ESPIRITUAL ~

PAUL SOLO QUERÍA lo mejor para sus amigos cristianos y yo deseo lo mejor de Dios para ti.

Es imposible para aquellos que alguna vez han sido iluminados, que han probado el don celestial, que han compartido el Espíritu Santo, que han probado la bondad de la Palabra de Dios y los poderes de la era venidera y que se han alejado. ser devuelto al arrepentimiento. Para su pérdida, están crucificando al Hijo de Dios de nuevo y sometiéndolo a la desgracia pública. La tierra que bebe bajo la lluvia a menudo cae sobre ella y que produce una cosecha útil para aquellos para quienes se cultiva, recibe la bendición de Dios. Pero la tierra que produce espinas y cardos carece de valor y está en peligro de ser maldecida. Al final se quemará.

Hebreos 6: 4-8

Siendo bendecido

~ INDEPENDIENTEMENTE ~

LOS CRISTIANOS A menudo experimentan pruebas y dificultades. No somos ajenos a los obstáculos. Sin embargo, tendemos a volvernos inseguros de nosotros mismos, de Dios e incluso de nuestro propósito. Aunque es posible que no entendamos por qué estamos experimentando cualquiera que sea la situación, una cosa de la que podemos estar seguros es que "todas las cosas funcionan juntas para bien". Dios sabe lo que es mejor. A pesar de cómo se ve la situación, bendiga al Señor.

Elogiaré al Señor en todo momento; su alabanza siempre estará en mis labios.

Salmo 34: 1

_____

_____

_____

_____

_____

_____

_____

_____

Siendo bendecido

~ ¿COMPARTIRÁS? ~

LA TEMPORADA DE atender a los demás siempre abunda. Durante Acción de Gracias y Navidad, generalmente se hace un énfasis especial para satisfacer las necesidades básicas dentro de nuestras comunidades. ¿Es este tu tiempo de servicio?

De todos los que han recibido mucho, se exigirá mucho; y al que se le ha confiado mucho, se le pedirá mucho más.

Lucas 12: 48b

_____

_____

_____

_____

_____

_____

_____

_____

_____

Siendo bendecido

~ CONDIMENTOS ~

A MEDIDA QUE SE acerca la temporada de vacaciones, reflexione sobre sus "especias" de la vida.

Tú eres la sal de la tierra. Pero si la sal pierde su sabor salado, ¿cómo puede volverse salada nuevamente? Ya no sirve para nada, excepto para ser arrojado y pisoteado.

Mateo 5:13

_____

_____

_____

_____

_____

_____

_____

_____

_____

_____

_____

_____

Siendo bendecido

~ CELEBRACIONES ~

TEN CUIDADO COMO lo celebras. Las tentaciones vienen disfrazadas de maneras peculiares.

Bienaventurado el que persevera bajo prueba porque, habiendo superado la prueba, esa persona recibirá la corona de la vida que el Señor ha prometido a quienes lo aman. Cuando es tentado, nadie debe decir: "Dios me está tentando". Porque Dios no puede ser tentado por el mal, ni tienta a nadie; pero cada persona es tentada cuando es arrastrada por su propio deseo maligno y atraída.

Santiago 1: 12-14

_____

_____

_____

_____

_____

_____

_____

_____

_____

Siendo bendecido

~ DIOS Y DIOS SOLO ~

NO OLVIDES QUIÉN es Dios ni de qué es capaz. Después de todo, Dios ha hecho lo que solo Él puede hacer en tu vida. No te olvides de bendecirlo. Él es Dios y, a su lado, no hay otro.

Alabado sea el Señor, alma mía. Señor mi Dios, eres muy grande; estás vestido de esplendor y majestad.

El Señor se envuelve en luz como con una prenda de vestir; él extiende los cielos como una tienda de campaña y coloca las vigas de sus cámaras superiores en sus aguas. Él hace de las nubes su carro y cabalga sobre las alas del viento. Hace que los vientos sean sus mensajeros, las llamas de fuego sus sirvientes.

Puso la tierra sobre sus cimientos; nunca se puede mover. Pero que los pecadores se desvanezcan de la tierra y los malvados ya no existan. Alabado sea el Señor, alma mía. Alabado sea el Señor.

Salmo 104: 1-5; 35

_____

_____

_____

_____

_____

Siendo bendecido

~ Discurso saludable ~

Es posible que solo tenga palabras para dar durante esta temporada. Que sean palabras de fortaleza y aliento.

Los labios de los justos nutren a muchos, pero los tontos mueren por falta de sentido.

La bendición del SEÑOR trae riqueza, sin dolorosa fatiga por ello.
Proverbios 10: 21-22

_____

_____

_____

_____

_____

_____

_____

_____

_____

_____

_____

_____

Siendo bendecido

~ UNA PROMESA CUMPLIDA ~

DEJA QUE DIOS pelee tus batallas. Su espada tiene dos filos, sus armas son más afiladas y rápidas. Dios tiene más soldados santos que tú tienes amigos. Él sabe exactamente quién y dónde está el enemigo en todo momento.

El Señor les dio descanso por todos lados, tal como había jurado a sus antepasados. Ninguno de sus enemigos los resistió; Jehová dio a todos sus enemigos en sus manos. Ninguna de las buenas promesas del Señor a Israel falló; cada uno se cumplió.

Josué 21: 44-45

_____

_____

_____

_____

_____

_____

_____

_____

_____

_____

Siendo bendecido

~ ¿FATIGADO Y DESGASTADO? ~

DE NUEVO, DIGO, deja que Dios pelee tus batallas. Las vacaciones y el tiempo en familia pueden provocar estrés y cansancio. ¿Por qué? Dale tus circunstancias al Padre. Todos ellos.

Mi celo me agota, porque mis enemigos ignoran tus palabras. Sus promesas han sido probadas a fondo, y su sirviente las ama. Aunque soy humilde y despreciado, no olvido tus preceptos.
Salmo 119: 139-141

Siendo bendecido

~ ATENCIÓN INDIVISA ~

DEBEMOS EXPERIMENTAR TRIBULACIONES para recibir crecimiento. Una vez que estamos en medio de una tormenta, nos encontramos buscando a Dios, esperando escuchar de Él.

Muéstranos tu amor inagotable, Señor, y concédenos tu salvación.

Escucharé lo que Dios el Señor dice; Él promete paz a su pueblo, sus fieles sirvientes, pero que no se vuelvan locos. Seguramente su salvación está cerca de aquellos que le temen que su gloria pueda habitar en nuestra tierra.

Salmo 85: 7-9

_____

_____

_____

_____

_____

_____

_____

Siendo bendecido

~ ¡SALUDOS SANTIFICADOS! ~

JESÚS TENÍA PODER incluso en el útero. Cuando Elizabeth fue recibida por Mary, John saltó dentro del útero de su madre ante la pura presencia del Salvador no nacido.

La presencia de un miembro de la familia o un amigo querido trae alegría y felicidad. Mientras se disfrutan las celebraciones y festividades en esta temporada de dar gracias, ¡alabado sea Dios por Jesús!

"Tan pronto como el sonido de tu saludo llegó a mis oídos, el bebé en mi vientre saltó de alegría. ¡Bienaventurada la que creyó que el Señor cumpliría sus promesas! Y María dijo: "Mi alma glorifica al Señor".

Lucas 1: 44-46

_____

_____

_____

_____

_____

_____

_____

Siendo bendecido

~ FIRMADO ~ SELLADO ~ ENTREGADO ~

PORQUE NO IMPORTA *cuántas promesas haya hecho Dios, son "Sí" en Cristo. Y así, a través de él, el "Amén" es pronunciado por nosotros para la gloria de Dios. Ahora es Dios quien nos hace a nosotros y a ustedes firmes en Cristo. Nos ungió, puso su sello de propiedad sobre nosotros y puso su Espíritu en nuestros corazones como depósito, garantizando lo que está por venir.*

2 Corintios 1: 20-22

_____

_____

_____

_____

_____

_____

_____

_____

_____

_____

_____

_____

Siendo bendecido

~ El negociador ~

JESÚS ES NUESTRO redentor. Él todavía está sentado a la diestra de Dios Padre, intercediendo por nuestro bien.

Sin embargo, un mediador implica más de una parte; Pero Dios es uno. ¿La ley, por lo tanto, se opone a las promesas de Dios? ¡Absolutamente no! Porque si se hubiera dado una ley que pudiera impartir vida, entonces la justicia ciertamente habría venido por la ley.

Pero la Escritura ha encerrado todo bajo el control del pecado, de modo que lo que se prometió, dado por la fe en Jesucristo, podría darse a los que creen.

Gálatas 3: 20-22

_____

_____

_____

_____

_____

_____

_____

_____

Siendo bendecido

~ TIEMPO DE DESCANSO ~

¿Tu testigo va a trabajar contigo? ¿Cómo pasas tu almuerzo o tu tiempo fuera de tu edificio de adoración?

Todos los días continuaban reuniéndose en los patios del templo. Partieron el pan en sus hogares y comieron juntos con corazones alegres y sinceros, alabando a Dios y disfrutando del favor de toda la gente. Y el Señor agregaba a su número diariamente a los que estaban siendo salvos.

Hechos 2: 46-47

_____

_____

_____

_____

_____

_____

_____

_____

_____

_____

Siendo bendecido

~ PROTECCIÓN ~

ALABADO SEA DIOS por sus provisiones divinas. Él solo puede cerrar puertas que ningún hombre puede abrir; y abrir puertas que nadie cerró. Él puede cambiar el corazón del hombre. Es solo Dios quien puede cambiar las reglas y regulaciones para su beneficio.

A Dios sea la gloria por las grandes cosas que solo Él puede hacer y hará en beneficio de quienes lo aman.

Pero que todos los que se refugian en ti se alegren; que canten siempre de alegría; Extiende tu protección sobre ellos para que aquellos que aman tu nombre puedan regocijarse en ti.

Ciertamente, SEÑOR, bendices al justo; los rodeas con tu favor como con un escudo.

Salmo 5: 11-12

Siendo bendecido

~ MANSEDUMBRE ~

TODOS QUEREMOS SER bendecidos por Dios y recibir todo lo que tiene reservado para nosotros, además de nuestras propias ideas de lo que nos gustaría recibir. Dios sabe cuánto podemos manejar y qué tipo de mayordomo seríamos con sus bendiciones.

Esto es exactamente por qué no tenemos permisos particulares. Él sabe que no estamos listos ... todavía.

Y cuando aparezca el Pastor Principal, recibirás la corona de gloria que nunca se desvanecerá. Del mismo modo, ustedes que son más jóvenes, se someten a sus mayores. Todos ustedes, vestíos de humildad el uno con el otro, porque Dios se opone a los orgullosos pero muestra favor a los humildes. Humíllense, por lo tanto, bajo la poderosa mano de Dios, para que Él los levante a su debido tiempo.

1 Pedro 5: 1-6

_____

_____

_____

_____

_____

_____

Siendo bendecido

Diciembre

GOLIAT ERA FUERTE, igual que Saúl y Faraón. No hay comparación cuando se trata del poder de nuestro Dios. Jesús es el gobernante supremo y tiene toda la autoridad sobre el cielo y la tierra.

El énfasis para este mes es reconocer el poder de Dios y el nuestro también.

¿Quién es como el Señor? Ninguno

~ El Distribuidor Divino ~

Alabado seas, SEÑOR, Dios de nuestro padre Israel, desde la eternidad hasta la eternidad. Tuyo, SEÑOR, es la grandeza, el poder, la gloria, la majestad y el esplendor, porque todo en el cielo y la tierra es tuyo.

Tuyo, SEÑOR, es el reino; eres exaltado como cabeza sobre todo. La riqueza y el honor vienen de ti; eres el gobernante de todas las cosas. En tus manos hay fuerza y poder para exaltar y dar fuerza a todos.

1 Crónicas 29: 10-12

¡Tenemos un Padre amoroso que desea que cada uno de nosotros sea grandioso! GRANDE en su vista. Qué maravilloso es saber que Él planea compartir su riqueza, sabiduría e incluso poder con nosotros.

_____

_____

_____

_____

_____

_____

Siendo bendecido

~ ¡NO ME HAGAS VENIR ALLÍ! ~

AUNQUE PABLO ESTABA hablando con la iglesia de Corinto, sus palabras siguen siendo apropiadas hoy. Recuerde, la gente de la iglesia son cristianos salvados por gracia. Desafortunadamente, no siempre nos comportamos "SALVADOS".

Algunos de ustedes se han vuelto arrogantes, como si yo no viniera a ustedes. Pero acudiré a ustedes muy pronto, si el Señor está dispuesto, y luego descubriré no solo cómo están hablando estas personas arrogantes, sino qué poder tienen. Porque el reino de Dios no es una cuestión de conversación sino de poder. ¿Qué prefieres? ¿Vendré a ti con una vara de disciplina, o iré enamorado y con un espíritu gentil?

1 Corintios 4: 18-21

Siendo bendecido

~ ¡MANTENTE FRESCO! ~

JACOB Y LABÁN estaban teniendo un problema grave. ¿Alguna vez has tenido un problema con alguien y Dios te dijo "relájate"? aunque tenías razón y realmente podrías haber causado estragos?

Solo porque poseemos poder, Dios no siempre desea que lo usemos. Asegúrese de mantenerse en comunicación con Dios, especialmente en un momento de confusión y mayor ansiedad.

Ni siquiera me dejaste despedirme de mis nietos y mis hijas. Has hecho una tontería. Tengo el poder de lastimarte; pero anoche el Dios de tu padre me dijo: "Ten cuidado de no decirle nada a Jacob, ya sea bueno o malo".

Génesis 31: 28-29

_____

_____

_____

_____

_____

_____

_____

Siendo bendecido

~ No hay nadie más alto que Dios ~

TODO PODER LE pertenece a Dios. Cuando nos permitimos responder por emoción, nos dirigimos a problemas.

Tenga cuidado de recurrir al mal, que parece preferir a la aflicción.

Dios es exaltado en su poder. ¿Quién es un maestro como él?

¿Quién le ha prescrito sus caminos, o le dijo: Has hecho mal?
Job 36: 21-23

_____

_____

_____

_____

_____

_____

_____

_____

_____

Siendo bendecido

~ AYUDA CONTRATADA ~

CUANDO DIOS HACE una cosa, está completa. Inmutable e invencible.

Pero un hombre de Dios se le acercó y le dijo: "Su Majestad, estas tropas de Israel no deben marchar con usted, porque el SEÑOR no está con Israel, ni con ninguno de los habitantes de Efraín. Incluso si vas y luchas valientemente en la batalla, Dios te derrocará ante el enemigo, porque Dios tiene el poder de ayudar o derrocar". Amasías le preguntó al hombre de Dios: "¿Pero qué hay de los cien talentos que pagué por estas tropas israelitas?"

El hombre de Dios respondió: "El Señor puede darte mucho más que eso".

2 Crónicas 25: 7-9

_____

_____

_____

_____

_____

_____

_____

Siendo bendecido

6 DE DICIEMBRE

~ SATANÁS TIENE PERMISO ~

No te sucede nada que Dios desconozca o no haya aprobado. Incluso Job fue presentado a Satanás cuando Dios preguntó "¿Has considerado a mi siervo?"

Dios no permitirá ninguna situación en la que no te haya armado con las herramientas que necesitas utilizar para tolerar la condición hasta el final.

"Pero ahora extiende tu mano y golpea todo lo que tiene, y seguramente te maldecirá en tu cara". El Señor le dijo a Satanás: "Muy bien, entonces, todo lo que tiene está en tu poder, pero sobre el hombre mismo no pongas un dedo". Entonces Satanás salió de la presencia de Jehová.

Job 1: 11-12

Siendo bendecido

~ ¿QUÉ HAY EN TU ARSENAL? ~

¿PELEANDO POR TU cuenta? Pronto te darás cuenta de que no tienes poder. ¿Peleando en la carne? No vas a ganar. Los cristianos «pelean» de manera diferente.

Aunque vivimos en el mundo, no hacemos la guerra como lo hace el mundo. Las armas con las que luchamos no son las armas del mundo. Por el contrario, tienen poder divino para demoler fortalezas. Derribamos argumentos y toda pretensión que se opone al conocimiento de Dios, y tomamos cautivo cada pensamiento para hacerlo obediente a Cristo.

2 Corintios 10: 3-5

_____

_____

_____

_____

_____

_____

_____

_____

_____

_____

Siendo bendecido

~ ¡HAY PODER EN EL NOMBRE DE JESÚS!

TODO LO QUE tengo es tuyo, y todo lo que tienes es mío. Y la gloria me ha llegado a través de ellos. No permaneceré en el mundo por más tiempo, pero ellos todavía están en el mundo y voy a por ti. Santo Padre, protégelos con el poder de tu nombre, el nombre que me diste, para que puedan ser uno como nosotros somos uno.

Mientras estaba con ellos, los protegí y los mantuve a salvo con el nombre que me diste. Ninguno se ha perdido excepto el condenado a la destrucción para que la Escritura se cumpla.

Juan 17: 10-12

_____

_____

_____

_____

_____

_____

_____

_____

_____

Siendo bendecido

~ UNA VISITA AL ESPÍRITU SANTO ~

DIOS SABE CUÁNDO estamos listos para "más". Más testimonio. Más fe Más confianza Más espiritualidad Más regalos Más de él. ¿Puede confiar en ti con más de su espíritu?

Él les dijo: "No les corresponde saber los tiempos o fechas que el Padre ha establecido por su propia autoridad. Pero recibirás poder cuando el Espíritu Santo venga sobre ti; y ustedes serán mis testigos en Jerusalén, y en toda Judea y Samaria, y hasta los confines de la tierra «. Después de decir esto, fue llevado ante sus propios ojos, y una nube lo ocultó de su vista.

Hechos 1: 7-9

_____

_____

_____

_____

_____

_____

_____

_____

_____

_____

Siendo bendecido

~ ATADO POR PROBLEMAS ~

COMO NADIE CONOCE *el futuro, ¿quién puede decirle a*
alguien más lo que está por venir?

Como nadie tiene poder sobre el viento para contenerlo, tampoco
nadie tiene poder sobre el momento de su muerte. Como nadie
es dado de alta en tiempo de guerra, la maldad no liberará a
quienes la practiquen.

Todo esto lo vi, mientras aplicaba mi mente a todo lo que se
hacía bajo el sol. Hay un momento en que un hombre lo domina
sobre otros para su propio dolor.

Eclesiastés 8: 7-9

_____

_____

_____

_____

_____

_____

_____

_____

Siendo bendecido

~ ¿QUÉ FALTA? ~

LA MUJER CON un problema de sangre fue curada instantáneamente con un simple toque de las vestimentas de Jesús. Reconoció la virtud perdida de inmediato. ¿Tu relación con Dios está perdiendo su poder?

"¿Quién me tocó?" Jesús preguntó. Cuando todos lo negaron, Peter dijo: "Maestro, la gente se está agolpando y presionando contra usted".

Pero Jesús dijo: "Alguien me tocó; Sé que se me ha ido el poder".

Entonces la mujer, al ver que no podía pasar desapercibida, tembló y cayó a sus pies. En presencia de todas las personas, ella contó por qué lo había tocado y cómo había sido curada al instante.

Lucas 8: 45-47

_____

_____

_____

_____

_____

_____

Siendo bendecido

~ Completo ~

No hay duda de la soberanía de Dios. Él es Señor, sobre todo, y en todos. Él es nuestro todo y todos. Además de Él, no hay otro.

Hay un cuerpo y un Espíritu, tal como fuiste llamado a una esperanza cuando fuiste llamado; un Señor, una fe, un bautismo; un Dios y Padre de todos, que está sobre todos y a través de todos y en todos.

Efesios 4: 4-6

_____

_____

_____

_____

_____

_____

_____

_____

_____

_____

Siendo bendecido

~ CUANDO JESÚS REGRESE ~

NO TE DEJES engañar por el enemigo. Jesús volverá No habrá tiempo para prepararse. Mantente listo

La gente se desmayará del terror, aprensiva por lo que viene en el mundo, porque los cuerpos celestes serán sacudidos. En ese momento verán al Hijo del Hombre venir en una nube con poder y gran gloria. Cuando estas cosas comiencen a suceder, levántate y levanta la cabeza, porque tu redención se acerca.

Lucas 21: 26-28

_____

_____

_____

_____

_____

_____

_____

_____

_____

Siendo bendecido

~ LA REDENCIÓN DE DIOS ~

EL PADRE REDIMIRÁ a Sus hijos en cada situación. Asegúrate de confiar en la persona correcta

Los malvados acechan a los justos, con la intención de matarlos, pero el Señor no los dejará en poder de los malvados ni los condenará cuando sean llevados a juicio.

Espera en el SEÑOR y sigue su camino. Él te exaltará para heredar la tierra; cuando los malvados sean destruidos, lo verás.
Salmo 37: 32-34

_____

_____

_____

_____

_____

_____

_____

_____

_____

Siendo bendecido

~ ADRENALINA VS PODER ~

LOS CIENTÍFICOS MÉDICOS afirmarían que Sansón pudo haber experimentado una explosión de adrenalina, lo que le permitió derrotar al león.

¿Alguna vez has presenciado una experiencia sobrenatural con Dios? Él es todopoderoso, conocedor, capaz de hacer más y abundantemente más de lo que podemos pedir o pensar en Dios. Te animo; No le pongas límites.

Sansón bajó a Timnah junto con su padre y su madre. Cuando se acercaban a los viñedos de Timnah, de repente un joven león vino rugiendo hacia él. El Espíritu del SEÑOR vino poderosamente sobre él para que desgarrara al león con sus propias manos como podría haber desgarrado una cabra joven. Pero no le contó a su padre ni a su madre lo que había hecho. Luego bajó y habló con la mujer, y le gustó.

Jueces 14: 5-7

Siendo bendecido

~ NADA PUEDE INTERPONERSE EN NUESTRO CAMINO ~

NO IMPORTA CUÁNTO lo intente el enemigo o con qué frecuencia nos convertimos en nuestro propio obstáculo; No hay nada que pueda eliminar el amor de Dios por nosotros. No hay nada lo suficientemente poderoso.

No, en todas estas cosas somos más que vencedores a través del que nos amó. Porque estoy convencido de que ni la muerte ni la vida, ni los ángeles ni los demonios, ni el presente ni el futuro, ni ningún poder, ni altura ni profundidad, ni ninguna otra cosa en toda la creación, podrán separarnos del amor de Dios que está en Cristo Jesús nuestro Señor.

Romanos 8: 37-39

Siendo bendecido

~ CUIDAR DE LOS NEGOCIOS ~

DIOS PUEDE MANEJARLO todo: tus amigos; tus enemigos necesidades; deseos Ayer, hoy y mañana. Cuando te apartas de Su camino y le permites manejar al enemigo, puedes sorprenderte de cómo pueden suceder cosas que nunca imaginaste. No te regocijes en las consecuencias de tu enemigo. Tenga en cuenta que "allí voy, pero por la gracia de Dios".

Las aguas profundas los han cubierto, se hundieron en las profundidades como una piedra. Tu diestra, SEÑOR, era majestuosa en poder. Tu diestra, SEÑOR, destrozó al enemigo.

En la grandeza de su majestad, derribó a los que se le opusieron. Desataste tu ira ardiente; los consumió como rastrojo.

Éxodo 15: 5-7

Siendo bendecido

~ COMPARTA SU TESTIMONIO ~

DIOS HA SIDO demasiado bueno para no contar su grandeza. ¿Estás orgulloso de ser un niño del reino?

Porque no me avergüenzo del evangelio, porque es el poder de Dios lo que trae salvación a todos los que creen: primero al judío, luego al gentil. Porque en el evangelio se revela la justicia de Dios, una justicia que es por fe de principio a fin, tal como está escrito: "Los justos vivirán por fe".

Romanos 1: 16-17

_____

_____

_____

_____

_____

_____

_____

_____

_____

_____

Siendo bendecido

~ SENSACIÓN SOBRENATURAL! ~

NUESTRO DIOS HACE todo bien. Él no es un procrastinador. No es descuidado. Él es perfecto en todos los sentidos y también lo son sus obras.

Tus caminos, Dios, son santos. ¿Qué dios es tan grande como nuestro Dios? Eres el Dios que hace milagros; Muestras tu poder entre los pueblos. Con tu poderoso brazo redimiste a tu pueblo, los descendientes de Jacob y José.

Salmo 77: 13-15

_____

_____

_____

_____

_____

_____

_____

_____

_____

_____

Siendo bendecido

~ Tu palabra es tu vínculo ~

¿Estás haciendo preparativos para un «nuevo comienzo con Dios»? Cada día es una oportunidad.

Moisés dijo a los jefes de las tribus de Israel: "Esto es lo que el SEÑOR ordena: cuando un hombre hace un voto al SEÑOR o hace un juramento de obligarse a sí mismo por una promesa, no debe romper su palabra, sino que debe hacer todo lo que dijo.

Cuando una mujer joven que todavía vive en la casa de su padre hace un voto al Señor o se obliga a sí misma por una promesa y su padre escucha acerca de su promesa o promesa pero no le dice nada, entonces todos sus votos y todas las promesas por las cuales ella se comprometió lo harán. estar."

Números 30: 1-4

_____

_____

_____

_____

_____

_____

_____

_____

Siendo bendecido

~ INFLUENCIA ~

"A veces no es lo que sabes, sino a quién conoces". Tengo una pregunta. ¿Qué has estado haciendo?

Una cosa que Dios ha dicho, dos cosas que he escuchado: "El poder te pertenece, Dios, y contigo, Señor, es amor inagotable"; y "recompensas a todos de acuerdo con lo que han hecho".
Salmo 62: 11-12

_____

_____

_____

_____

_____

_____

_____

_____

_____

Siendo bendecido

~ ¡ERES MÁS FUERTE DE LO QUE PIENSAS! ~

TODOS NECESITAMOS ALIENTO de vez en cuando. Anímate hoy. ¡Dios TODAVÍA está en el trono!

Ruego que los ojos de tu corazón se iluminen para que puedas conocer la esperanza a la que te ha llamado, las riquezas de su gloriosa herencia en su pueblo santo, y su incomparable gran poder para nosotros los que creemos.

Ese poder es igual a la poderosa fuerza que ejerció cuando levantó a Cristo de entre los muertos y lo sentó a su diestra en los reinos celestiales, muy por encima de todo gobierno y autoridad, poder y dominio, y cada nombre que se invoca, no solo en la era actual pero también en la venidera.

Efesios 1: 18-21

_____

_____

_____

_____

_____

_____

_____

Siendo bendecido

~ HAY TRABAJO QUE HACER ~

CUANDO ACEPTAMOS A Cristo como nuestro Salvador, nos registramos automáticamente para compartir nuestra fe. Está en la descripción del trabajo.

Entonces Jesús vino a ellos y les dijo: "Toda autoridad en el cielo y en la tierra me ha sido dada. Por lo tanto, ve y haz discípulos de todas las naciones, bautizándolos en el nombre del Padre y del Hijo y del Espíritu Santo, y enseñándoles a obedecer todo lo que te he mandado. Y seguramente estoy contigo siempre, hasta el final de la era.

Mateo 28: 18-20

_____

_____

_____

_____

_____

_____

_____

_____

_____

Siendo bendecido

~ ¡MATA EL MIEDO! ~

DEMASIADO RÁPIDO TEMBLAMOS ante el trabajo del enemigo y olvidamos el poder y la autoridad que poseemos.

Él respondió: "Vi a Satanás caer como un rayo desde el cielo. Te he dado autoridad para pisotear serpientes y escorpiones y para vencer todo el poder del enemigo; Nada te hará daño. Sin embargo, no te alegres de que los espíritus se sometan a ti, sino que tus nombres están escritos en *el cielo*".

Lucas 10: 18-20

_____

_____

_____

_____

_____

_____

_____

_____

_____

Siendo bendecido

~ SE TRATA DE JESÚS ~

ÉL ESTÁ ANTE todas las cosas, y en él todas las cosas se mantienen unidas. Y él es la cabeza del cuerpo, la iglesia; él es el principio y el primogénito de entre los muertos, de modo que en todo lo que pueda tener la supremacía.

Porque a Dios le agradó que toda su plenitud habitara en él, y por medio de él para reconciliar consigo mismo todas las cosas, ya sea en la tierra o en el cielo, haciendo las paces con su sangre, derramando en la cruz.

Colosenses 1: 17-20

_____

_____

_____

_____

_____

_____

_____

_____

_____

Siendo bendecido

~ SÉ VALIENTE ~

LA CORRECCIÓN NO siempre es fácil de dar ni de recibir. Tenemos la responsabilidad y el derecho de "retocarnos", siempre y cuando el "ajuste" se haga con amor.

Porque ha aparecido la gracia de Dios que ofrece salvación a todas las personas. Nos enseña a decir "No" a la impiedad y las pasiones mundanas, y a vivir una vida autocontrolada, recta y piadosa en esta era actual, mientras esperamos la bendita esperanza: la aparición de la gloria de nuestro gran Dios y Salvador, Jesucristo, quien se entregó por nosotros para redimirnos de toda maldad y purificar para sí un pueblo que es suyo, ansioso por hacer lo que es bueno.

Estas son las cosas que debes enseñar. Fomentar y reprender con toda autoridad. No dejes que nadie te desprecie.

Tito 2: 11-15

_____

_____

_____

_____

_____

_____

Siendo bendecido

~ ¡EL ASPECTO DE LA AUTORIDAD! ~

UN HOMBRE O una mujer en uniforme llama la atención. Cuán complacido debe estar nuestro Padre celestial cuando nos ve completamente vestidos y preparados espiritualmente.

Ponte la armadura completa de Dios, para que puedas mantenerte en pie contra los planes del diablo. Porque nuestra lucha no es contra carne y hueso, sino contra los gobernantes, contra las autoridades, contra los poderes de este mundo oscuro y contra las fuerzas espirituales del mal en los reinos celestiales. Por lo tanto, póngase la armadura completa de Dios, de modo que cuando llegue el día del mal, usted pueda mantenerse firme, y después de haber hecho todo, pararse.

Efesios 6: 11-13

_____

_____

_____

_____

_____

_____

_____

Siendo bendecido

~ TODAVÍA AQUÍ ~

AUNQUE CASI HA *pasado otro año, Dios ha considerado conveniente bendecirnos con otro día.*

Para Dios, quien dijo: "Deje que la luz brille de la oscuridad", hizo que su luz brille en nuestros corazones para darnos la luz del conocimiento de la gloria de Dios que se muestra en el rostro de Cristo.

Pero tenemos este tesoro en tinajas de barro para mostrar que este poder que todo lo supera es de Dios y no de nosotros. Estamos presionados por todos lados, pero no aplastados; perplejo, pero no desesperado; perseguido, pero no abandonado; derribado, pero no destruido.

2 Corintios 4: 6-9

_____

_____

_____

_____

_____

_____

_____

Siendo bendecido

~ NO PUEDES SALVAR A TODOS ~

ES EL DESEO de Dios que ningún hombre perezca. Si testificas y Cristo no es aceptado, no eres rechazado, sino Cristo. Jesús regresa Usted se asegura de estar preparado para su regreso.

Y luego se revelará al desalmado a quien el Señor Jesús derrocará con el aliento de su boca y destruirá por el esplendor de su venida. La venida del ilegal estará de acuerdo con cómo trabaja Satanás. Él usará todo tipo de demostraciones de poder a través de signos y maravillas que sirven a la mentira, y todas las formas en que la maldad engaña a los que perecen. Perecen porque se negaron a amar la verdad y así ser salvos.

II Tesalonicenses 2: 8-10

Siendo bendecido

~ FUERZA PARA VOLAR ~

INDEPENDIENTEMENTE DE LA edad, podemos anticipar que sucederán ciertas circunstancias en la vida. Alabado sea Dios por el viento que coloca debajo de nuestras alas.

Incluso los jóvenes se cansan y cansan, y los jóvenes tropiezan y caen; pero los que esperan en el SEÑOR renovarán sus fuerzas.

Volarán en alas como las águilas; correrán y no se cansarán, caminarán y no se desmayarán.

Isaías 40: 30-31

Siendo bendecido

~ Hay una bendición en la bendición ~

¿Alguna vez dejó el servicio antes de que terminara? Puede que hayas estado cansado, aburrido; o tenía un lugar para ir? Utiliza la influencia de Dios dentro de ti y quédate hasta el final.

¡Ahora al que puede hacer inconmensurablemente más de lo que le pedimos o imaginamos, de acuerdo con su poder que actúa dentro de nosotros, a él sea la gloria en la iglesia y en Cristo Jesús por todas las generaciones, por los siglos de los siglos! Amén.

Efesios 3: 20-21

_____

_____

_____

_____

_____

_____

_____

_____

_____

Siendo bendecido

CPSIA information can be obtained
at www.ICGtesting.com
Printed in the USA
FSHW012150080420
68971FS